Frisches Gemüse

Bunte Blüten

Inhalt

SPEZIAL Süße Früchte –

Süße Sommerfrüchtchen – auch sie kann
man im Garten selbst aussäen. Und dann
am besten gleich frisch im Garten genießen.

SPEZIAL Blumen für

Erinnerung an den Sommer: Getrocknete Gräser und Gartenblumen holen
den Sommer ins Haus.

Der Samentüten-
schatz

Geht es Ihnen so wie mir? Saatgutstände in Gartenmärkten und auf Messen ziehen mich magisch an. Hier kann ich Stunden verbringen und stöbern. Und auch die eine oder andere Samentüte wird stolz nach Hause getragen.

Probieren Sie mal etwas Neues aus. Jedes Jahr geben die Züchter neue, interessante Sorten heraus. Hier wird sich bestimmt etwas für Ihren Garten finden. Oder wie wäre es mit etwas Altem? Ein längst vergessenes Gemüse wie die Pastinake oder eine alte Sorte, die Sie als Kind schon kannten? Immer öfter wird mittlerweile Saatgut alter Gemüsesorten angeboten. Und sollten Sie mal eine Sorte nicht finden, können Sie sich an Vereine wenden, die sich dem Erhalt und der Verbreitung traditionsreicher Obst- und Gemüsesorten widmen.

Oder bringen Sie Farbe in Ihren Gemüsegarten. Säen Sie statt grünem Kopfkohl, Grünkohl und Rosenkohl doch mal deren rotlaubige Verwandte. Gelbe Farbtupfer bringen Wachsbohnen, gelbe Zucchini und Kürbisse.

Blättern Sie auch in Katalogen und Zeitschriften und lassen Sie sich inspirieren. Hier werden viele Sorten vorgestellt, die Sie unbedingt ausprobieren sollten!

Nicht nur der Gemüse-garten lädt zum Experimentieren mit neuen Sorten ein. So richtig bunt und abwechslungsreich wird es mit den ein- und zweijährigen Sommerblumen, die bis zum ersten Frost unermüdlich blühen. Ohne viel Aufwand können sie im Frühjahr und Herbst selbst gesät werden.

So kennen wir den Kürbis: kugelrund und orange. Wussten Sie übrigens, dass die Kürbisfamilie sehr vielfältig ist?

Würzige Kräuter

SPEZIAL

Vielseitige Salatkräuter

Die Blütenstände des Dills passen sehr gut zu eingelegten Gurken.

Feiner Dill

Gurken und Dill sind nicht nur in der Salatschüssel ein Traumpaar, sondern auch auf dem Beet. Stehen die beiden nebeneinander, hat man nicht nur beide Zutaten nah beisammen, sondern der Geschmack der Gurken wird auch noch verbessert.

▸ **Säen Sie den Dill** (*Anethum graveolens*) ab März auf guter Erde aus. Die Jungpflanzen vertragen kein

Verpflanzen, also sollte der Standort von Anfang an gut gewählt sein. Wenn Sie den Dill Samen bilden lassen, fallen sie reif zu Boden. So sparen Sie sich in den kommenden Jahren die Aussaat.

▸ **Wer in erster Linie** die Dillblätter ernten möchte, kann z. B. die Sorte 'Herkules' verwenden, die erst sehr spät Blüten bildet. Viele Blüten und damit Samenstände bilden die beiden tetraploiden Sorten 'Tetra' und 'Vierling'. Letztere eignet sich auch hervorragend für die Trockenstraußbinderei. 'Bouquet' ist eine kleinbleibende Sorte (etwa 75 cm).

Schnittlauch und seine Verwandten

Was wäre ein Butterbrot ohne frische Schnittlauchröllchen? Und einer Salatvinaigrette verleihen sie ein kräftiges, zwiebliges Aroma.

▸ **Schnittlauch** (*Allium schoenoprasum*) benötigt einen nährstoffreichen, feuchten Boden und viel Sonne. Im Winter zieht sich der Lauch zurück, um im Frühjahr wieder neu auszutreiben. Alle

paar Jahre sollte der Schnittlauch geteilt werden. In der Kräuterspirale gedeiht der Lauch besonders gut in der sonnigen Normalzone.

▸ **Ernten Sie nie mehr** als zwei Drittel einer Pflanze, sonst wird sie geschwächt. Genießen Sie auch die rosafarbenen Blüten als essbare Dekoration.

▸ **Der Chinesische Schnittlauch oder Schnittknoblauch** (*Allium tuberosum*) hat flachere Blätter als der Schnittlauch und einen leichten Knoblauchgeschmack.

▸ **Die Blätter vom Bärlauch** (*Allium ursinum*) können bereits im März geerntet

SMART

Langsame Petersilie

❯ **Petersilie braucht sehr lange,** bis sie keimt. Weichen Sie die Samen über Nacht in Wasser ein. Säen Sie die Petersilie dann gemeinsam mit schnell wachsenden Radieschen oder Salat als Markierung. Sobald die Gemüse reif sind, keimt auch die Petersilie. 'Gigante D'Italia' und 'Forest Green' sind sehr aromatisch.

werden. Daraus lässt sich leckeres Pesto für Spaghetti zaubern. Lassen Sie den Bärlauch ruhig Samen bilden. So verbreitet er sich innerhalb weniger Jahre von ganz allein an beschatteten Bereichen im Garten, so dass Sie bald eine stattliche Ernte einfahren können.

Blaublütiger Borretsch

▸ **Borretsch** (*Borago officinalis*) ist ein unkompliziertes Kraut, das sich selbst im Garten aussät. Seine Triebe werden sehr lang und brauchen eine Stütze, damit sie im Wind nicht knicken. Die Blüten des Borretschs sind in den Morgenstunden in ein dunkles Rosé gefärbt, das sich im Laufe des Tages in ein tiefes Blau verwandelt. Im Garten locken sie Bienen und Hummeln an, die unerlässlich für die Bestäubung sind. Eine seltenere Spielart ist der weißblühende Borretsch, der besonders hübsch in Kombination mit den blauen Blüten aussieht.
▸ **Die jungen Blätter** passen gut in Salate und haben einen gurkenähnlichen Geschmack. Die älteren Blätter sind wegen der starken Behaarung leicht kratzig.

Schnittlauch gehört unbedingt in den Topfgarten auf Balkonien.

Die Blüten sind eine essbare Salatdekoration.

Würzige Kresse

▸ **Die beliebte einjährige Kresse** (*Lepidium sativum*) kennen Sie bestimmt schon von der Sprossenkultur auf der Fensterbank. Sie können die Pflanzen etwas größer werden lassen und sie wie Salat oder Spinat essen.
▸ **Brunnenkresse** (*Nasturtium officinalis*): Auf sehr nähr-stoffreichen, feuchten Böden wächst die Brunnenkresse. Sie ist ein unverzichtbarer Bestandteil der Grünen Soße. In der Kräuterspirale wird sie am besten in die Wasserzone gepflanzt.
▸ **Kapuzinerkresse** (*Tropaeolum majus*): Die schildförmigen Blätter und großen, bunten Blüten haben ein scharfes, senfartiges Aroma. Verschiedene Wuchsformen und Blütenfarben bringen Abwechslung in die Beete. ●

Mediterrane Küchenkräuter

Beliebtes Basilikum

Man kann mit Fug und Recht behaupten, dass Basilikum (*Ocimum basilicum*) der leckerste Importschlager aus Italien ist. Dabei stammt es eigentlich aus Indien. Die Basilikum-Familie wartet mit einer sehr abwechslungsreichen Verwandtschaft auf.

▸ **Die Sorte 'Genovese'** mit den großen, grünen Blättern ist am bekanntesten. Das Salatblättrige Basilikum 'Crispum' hat sogar noch größere Blätter. Im Vergleich dazu hat das kleinblättrige Buschbasilikum 'Minimum' winzige Blätter. Rund um das Mittelmeer wird es in Töpfen gehalten, wo es zuverlässig Fliegen und Mücken fernhält.

▸ **Asiatisches Basilikum** zeigt eine unvergleichliche Geschmacksvielfalt. In Thailand werden häufig die zitronigen Sorten wie Limonen-Basilikum oder Thai-Basilikum ('Siam Queen') verwendet. Zimt- und Anis-Basilikum eignen sich besonders für Süßspeisen. Das Indische oder Heilige Basilikum (Tulsi) ist in Indien in jedem Haushalt zu finden. Aus ihm wird ein stärkender Tee gebrüht.

▸ **Rotblättrige Sorten** bringen Farbe zwischen die grünen Sorten. Dunkelrote Blätter haben 'Osmin' und 'Dark Opal'. 'Ararat' und 'Rubin' zeigen sich mit rot-grünen Blättern.

▸ **Die Aussaat** erfolgt ab Mai direkt in das Kräuterbeet oder in Töpfe, Kästen und Schalen. Basilikum ist ein Lichtkeimer und darf nicht mit Erde bedeckt werden. Wählen Sie einen Standort, der sonnig, warm und geschützt ist, wo aber nicht die pralle Mittagssonne scheint. Basilikumsaat geht schnell auf, kann dann aber bei kühleren Temperaturen erst einmal ins Stocken kommen. Haben Sie etwas Geduld!

▸ **Durch eine regelmäßige Ernte** der Blätter wächst das Basilikum noch üppiger. Besonders die rosafarbenen Blüten einiger Sorten sind über Salaten oder auf belegten Broten dekorativ. Die Basilikumsamen – reif oder unreif – haben ein angenehm scharfes, peffriges Aroma.

Das Berg-Bohnenkraut gedeiht auf leichten, durchlässigen Böden.

Die Sortenvielfalt bei Basilikum ist fast unüberschaubar.

Würziges Pfeffer-kraut

Wegen seines pfeffrigen Aromas wird das Bohnenkraut auch Pfefferkraut genannt.

▶ **Ab Mai** wird es direkt an einem sonnigen Platz ausgesät. Nicht mit Erde bedecken, es ist ein Lichtkeimer.

▶ **Neben dem einjährigen Garten-Bohnenkraut** (*Satureja hortensis*) kann auch das mehrjährige Berg-Bohnenkraut (*S. montana*) ausgesät werden. Letzteres kann mit Winterschutz im Freien überwintert werden.

SMART

Salbei, Thymian, Rosmarin

▶ **Für die Aussaat** des mediterranen Trios brauchen Sie ein wenig Geduld, denn sie lassen sich nicht so einfach ziehen wie andere Kräuter. Rosmarin braucht etwa 30 Tage, bis er aufgeht. Säen Sie die aromatischen Kräuter am besten schon ab März auf der Fensterbank in Saatschalen, damit Sie im Mai schon kleine Pflänzchen in die Beete oder Töpfe setzen können.

Majoran & Oregano

▶ **Der einjährige Majoran** (*Origanum majorana*) ist ein enger Verwandter des mehrjährigen Oreganos (*O. vulgare*). Die Haupterntezeit ist während der Blüte.

▶ **Majoran und Oregano** werden im Frühjahr direkt in das Kräuterbeet gesät. Beide brauchen einen nahrhaften, nicht zu feuchten Boden und einen warmen, sonnigen Platz. Mit Winterschutz kann Oregano im Freien überwintert werden. ●

Das Samen-1×1

Das steckt in der Samentüte

Keimschutzpackungen verhindern den Verlust der Keimfähigkeit. Angerissene Tütchen werden flachgedrückt, die Öffnung gefaltet und mit einem Klebestreifen versiegelt.

Pilliertes oder inkrustiertes Saatgut erleichtert besonders bei feinen Samen, wie denen von Möhren, die Aussaat. Die Samen sind durch die Hüllmasse größer. In der Hüllmasse können zusätzlich Dünger, Pflanzenstärkungsmittel oder Beize enthalten sein. Während der Keimung löst sich die Hüllmasse auf. Die Erde darf nach der Aussaat nicht austrocknen, sonst löst sich die Hülle nicht richtig auf. Saatbänder oder Saatscheiben erleichtern die Aussaat sehr, denn die Bänder werden einfach an Ort und Stelle ausgelegt. Zwischen zwei Vliesschichten liegen die Samen schon im richtigen Abstand, so dass nicht mehr pikiert werden muss.

Samen vorbehandeln

Die meisten Samen können ohne Vorbehandlung ausgesät werden. In manchen Fällen hilft es jedoch, die Samenkeimung mit verschiedenen Vorbehandlungsmethoden zu fördern.

▸ **Vorquellen:** Die Samen werden für einige Minuten, Stunden oder Tage in zimmerwarmes Wasser gelegt und danach sofort ausgesät. Das Vorquellen kann gleichzeitig mit dem Beizen geschehen. Funktioniert nicht bei pilliertem Saatgut oder Saatbändern!

▸ **Anritzen:** Besonders hartschalige Samen von Wicken und Winden können mit einer Feile oder Schleifpapier angeraut werden. Dabei sollte die Verletzung nicht zu tief sein, damit der Keimling nicht beschädigt wird. Das Anritzen kann vor oder nach dem Quellen erfolgen.

▸ **Beizen:** Für den Hausgebrauch sind keine chemischen Beizmittel zugelassen. Pflanzliche Beizmittel, die gleichzeitig auch Pflanzenstärkungsmittel sind, schützen die Sämlinge vor bodenbürtigen Pilzen (z. B. der Umfallkrankheit). Die Samen werden in Humofix (nach Anweisung 15–90 min), abgekühlten Kamillentee (15 min) oder Algenbrühe (30 min) gelegt und danach sofort gesät.

▸ **Aussaat im Freiland:** Vorbeugend gegen Bodenpilze wird im Frühjahr oberflächlich Gesteinsmehl eingearbeitet oder in die gezogenen

Hausgemachte Beizmittel

Humofix-Ansatz: ¼ TL Humofix-Pulver in ¼ l Wasser auflösen und gut umrühren, 4–6 Std. stehen lassen.

Kamillentee: 5 g getrocknete Kamillenblüten mit 1 l kochendem Wasser aufbrühen und abkühlen lassen.

Algenbrühe: 5%ige Algenbrühe aus z. B. Braunalgenextrakt und Wasser handwarm erwärmen.

Mit den richtigen Utensilien macht die Aussaat Spaß!

Rillen gestreut. Ist der Boden noch zu kalt, sollte mit der Aussaat gewartet werden.

Boden vorbereiten

Bereits im Herbst vor der Anlage eines Beetes wird mit den Vorbereitungen begonnen. Das Beet wird grobschollig umgegraben. Dabei werden gleichzeitig auch Wurzelunkräuter entfernt. Im Winter macht der Frost den Boden feinkrümelig. Etwa drei bis vier Wochen vor der Aussaat können im Frühjahr bodenverbessernde Maßnahmen durchgeführt werden. Sandige Böden werden mit abgelagertem Kompost oder Rindenhumus aufgewertet, schwere Böden mit Sand und Kompost aufgelockert. Im Frühjahr sollte der Boden nur noch oberflächlich (bis 3 cm) bearbeitet werden, damit die feinen Wasserkanäle, die sich im Winter gebildet haben, nicht zerstört werden.

Samen nach der Aussaat etwas festdrücken, ggf. Deckerde darüber sieben oder harken und andrücken. Anschließend mit einer feinen Brause wässern. ●

SMART

Licht und Kälte

› **Lichtkeimer** wie Basilikum, Bohnenkraut und Sonnenhut dürfen nicht mit Erde abgedeckt werden. Sie werden nur leicht mit den Fingern angedrückt.

› **Kaltkeimer** wie Bärlauch brauchen die Kälte des Winters, um Keimhemmungen abzubauen. Sie werden im Herbst in Kästen oder Töpfe gesät. Die Gefäße werden an einem geschützten Ort im Freien aufgestellt.

In der
Samen-Kinderstube

Einige Gemüse, Kräuter und Sommerblumen können schon vor der eigentlichen Freilandsaison auf der Fensterbank vorgezogen werden.

Handelsübliche Anzuchterde ist weitgehend keimfrei und ungedüngt. Selbst gemischte Erde aus je einem Drittel reifem Kompost, Sand und Gartenerde sollte im Backofen (200 °C, 30 min) oder in der Mikrowelle (500 Watt, 15 min) sterilisiert werden. Ab April, wenn es etwas wärmer wird, werden die Sämlinge bei bedecktem Himmel tagsüber stundenweise ins Freie gestellt. Nachts sollten sie wieder hereingeholt werden. Sobald der Boden warm genug ist, kann gepflanzt werden. Wärmebedürftige Arten wie Tomaten und Gurken dürfen erst ab Mitte Mai dauerhaft ins Freie kommen.

① ▲ **Die Samen** gleichmäßig, aber nicht zu dicht in der Saatschale verteilen. Feine Samen können besser gestreut werden, wenn sie mit Sand vermischt sind.

② ◄ **Die Samen** werden so dick mit fein gesiebter Erde bedeckt, wie sie hoch sind. Zu tief gelegte Samen keimen schlecht. Achtung bei Lichtkeimern! Die Erde wird vorsichtig angedrückt. Danach mit einer feinen Gießbrause wässern. In einem Zimmergewächshaus oder unter einer Folienabdeckung bleibt die Erde lange feucht.

▶ **An einem hellen,** etwa 18 °C warmen Ort keimen die Samen zuverlässig. Bei Bedarf sollte vorsichtig nachgewässert werden. Lüften Sie regelmäßig, damit sich unter der Haube kein Schimmel bildet. Sobald sich das erste Blattpaar gebildet hat, kann die Haube stundenweise abgenommen werden.

③

④ ◄ **Haben die Sämlinge** das zweite Laubblattpaar gebildet, können sie vereinzelt werden. Dazu werden sie mithilfe eines Spatels vorsichtig aus der Saatschale gehoben und in weitem Abstand in eine größere Schale oder in Töpfchen gesetzt. Die Wurzeln können dabei um etwa ein Drittel eingekürzt werden.

Samen-Kinderstube

Internationale Kräuterküche

Gern schauen wir den Köchen anderer Länder über die Schultern und entdecken so manches Kraut, das in unserer Küche eher selten verwendet wird.

Asiatisches Shiso

Shiso (*Perilla frutescens*) hat einen scharfen Geschmack. In Japan und China werden mit den Blättern und Samen Sushi, Nudelsuppen und Frühlingsrollen gewürzt. Das scharfe Aroma passt auch gut zu anderen Fischgerichten, Bohnengerichten und Mixed Pickles.

▸ **Shiso** ist ein Lichtkeimer und benötigt mind. 20 °C

Keimtemperatur. Daher wird es am besten schon ab März auf der Fensterbank vorkultiviert. Ab Ende Mai wird es im Garten an einen sonnigen bis halbschattigen Platz in nährstoffreiche, humose Erde gepflanzt.

▸ **Zwei farblich verschiedene Varietäten:** Rotes Shiso (*P. f.* var. *frutescens*) und Grünes Shiso (*P. f.* var. *nangkinensis*). Die Sorte 'Rote Auslese' hat gewellte Blattränder.

Rotes Shiso ist in der asiatischen Küche beliebt.

Russischer Estragon

Beim Estragon unterscheidet man zwischen dem Französischen und dem Russischen Estragon. Ersterer hat ein lieblicheres Aroma als letzterer. Der Vorteil des Russischen Estragons besteht darin, dass er anspruchslos, sehr viel robuster und winterhart ist.

Während Französischer Estragon nur über Stecklinge vermehrt werden kann, kann der Russische Estragon auch ausgesät werden. In der Kräuterspirale steht er in der Normalzone an einem warmen, sonnigen bis halbschattigen Platz. Um sein volles Aroma zu entwickeln, braucht er im Gegensatz zum Französischen Estragon einen mageren Boden.

Französischer Fenchel

Ein Tee aus Fenchelsamen ist als Heiltee bei Blähungen bekannt. Doch dieses Kraut kann viel mehr! Die Franzosen verfeinern mit den feinen Blättchen und Blüten Fisch- und Gemüsegerichte. Die Samen werden mit einem Mörser zerstoßen und Suppen, Soßen und Fleisch zugefügt.

▸ **Die Aussaat** erfolgt im Frühling. Die Pflanzen sind mehrjährig, benötigen aber einen Winterschutz. An einem sonnigen, nährstoff-reichen, feuchten Platz kann Fenchel bis zu 2 m hoch werden.

▸ **Sobald die Samen** ab September braun werden, wird der gesamte Fruchtstand abgeschnitten und kopfüber auf einem Leinentuch oder Küchenpapier getrocknet.

▸ **Die Art** hat gelblich grünes, fein gefiedertes Laub, die Sorte 'Purpurascens' hat röt-lich braune Blätter.

Die gelben Blütenstände des Fenchels ähneln den Dillblüten.

SMART

Kräuterraritäten

❯ **Die Blätter** von Epazote (*Chenopodium ambrosioi-des*) geben mexikani-schen Bohnengerichten ein Zitronenaroma.

❯ **Das herb-zitronige Aroma** von Russischem Salbei (*Perovskia atriplici-folia*) passt gut zu Fleisch, Fisch und Mixed Pickles.

❯ **Die Blätter der Austern-pflanze** (*Mertensia mari-tima*) schmecken nach Anchovis. Sie passen zu Salat oder aufs Brot.

Indischer Kümmel

Indischer Kümmel oder Ajo-wan (*Trachyspermum ammi*) ist pflegeleicht. Er wächst auf trockenen Böden. Die nach Thymian duftenden, aber scharfen Samen würzen nicht nur orientalische und indische Speisen, sondern auch Kartoffeln, Hülsen-früchte und Fisch.

▸ **Echter Kümmel** (*Carum carvi*) ist eine zweijährige Pflanze. Im ersten Jahr erscheint die Blattrosette, im folgenden Jahr die Blüten. Blätter, Blüten und Triebe passen gut in Salate, Suppen oder zu Gemüsegerichten. Die Samen machen schwere Speisen wie Kohl und Fleisch bekömmlicher. Kümmel wächst an sonnigen bis halb-schattigen Plätzen mit feuch-ten Böden. Er sollte nicht immer an der gleichen Stelle ausgesät werden. ●

Kräuter zum Wohlfühlen

Viele Kräuter wirken sich positiv auf unsere Gesundheit aus. Thymian, Basilikum und Rosmarin sind verdauungsfördernd. Einige Kräuter wie Zitronen-Melisse und Kamille sind als ausgesprochene Tee- und Heilkräuter bekannt. Als Tee aufgegossen oder in einem Heilbad verteilt, haben sie eine beruhigende, heilende Wirkung.

Lavendelduft wirkt beruhigend und entspannend.

Vielseitige Kamille

Frische oder getrocknete Kamillenblüten können als Tee aufgegossen, als Gesichtsdampfbad (mit Pfefferminze) oder als Badezusatz verwendet werden. Kamille wirkt entzündungshemmend, beruhigend und schmerzlindernd.

▶ **Im Frühjahr** wird die Echte Kamille (*Matricaria recutita*) ausgesät. Ausdünnen ist unbedingt notwendig. Die anspruchslosen Pflanzen gedeihen überall dort, wo es sonnig ist.

▶ **Die mehrjährige Römische Kamille** (*Chamaemelum nobile*) ist winterhart. Sie duftet fruchtig und hat die gleichen Eigenschaften wie die einjährige Echte Kamille. Am besten vor dem Auspflanzen in einer Saatschale vorziehen.

Entspannender Lavendel

Üblicherweise wird der Lavendel (*Lavandula angustifolia*) als Topfpflanze angeboten. Doch die Art und einige Sorten lassen sich auch aussäen. Ähnlich wie beim Rosmarin kann sich daraus jedoch ein Geduldsspiel entwickeln. Dafür erhalten Sie sehr robuste Pflanzen, die in Duft und Heilwirkung nicht hinter den stecklingsvermehrten Pflanzen zurückbleiben.

▶ **Bei der Aussaat** von Lavendel sind kühlere Temperaturen keimfördernd. Säen Sie am besten in einer Saatschale aus und stellen Sie diese an eine geschützte Stelle ins Freie.

▶ **Lavendel** braucht einen Boden mit einer guten Dränage und eine vollsonnige Lage. Schneiden Sie den Lavendel nach der Blüte zurück, damit er kompakt bleibt und nicht auseinanderfällt.

▶ **Saatgut** ist von folgenden Sorten erhältlich: 'Hidcote Blue' mit dunkelvioletten Blüten, 'Lady' und 'Munstead' mit intensiv blauen Blüten und 'Rosea' mit rosa Blüten.

▶ **Die Blätter** aromatisieren Lamm und Fisch. Blüten für Kräutertees und Potpourris werden geschnitten, wenn sie voll erblüht und schon fast trocken sind.

Getrocknete Kamillenblüten geben einem Kräutertee eine fruchtige Note und beruhigen den Magen.

Beruhigende Zitronen-Melisse

Aus den Blättern der Zitronen-Melisse (*Melissa officinalis*) lässt sich nicht nur ein beruhigender Heiltee, sondern auch ein leckerer Kräuter-Eistee zaubern. Sie verfeinern außerdem Fisch- gerichte und verschiedene Süßspeisen.

▸ **Zitronen-Melisse** kann ab April ausgesät werden. Die winterharten Pflanzen stehen an einem sonnigen bis halbschattigen Platz mit humusreichem Boden.

▸ **Zum Trocknen** werden die Blätter vor der Blüte geerntet. Schneiden Sie dabei die Pflanzen um zwei Drittel zurück, so können sie wieder kräftig austreiben.

▸ **Die Sorte 'Citronella'** hat einen höheren Anteil an ätherischen Ölen. ●

SMART

Noch mehr Teekräuter

› **Griechischer Bergtee (*Sideritis syriaca*)** ergibt einen nach Zimt schmeckenden, appetitanregenden Tee.

› **Goldmelisse (*Monarda didyma*)** und Türkischer Drachenkopf (*Dracocephalum moldavicum*) haben zitronig duftende Blätter

und Blüten für einen erfrischenden Tee.

› **Quendeltee (*Thymus serpyllum*)** schmeckt leicht nach Thymian und hilft bei Hustenbeschwerden.

› **Aus Johanniskraut (*Hypericum perforatum*)** wird ein nervenberuhigender Tee aufgegossen.

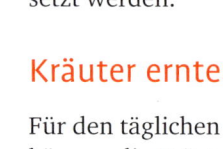
Arbeiten im Kräutergarten

Wie Sie bis jetzt gesehen haben, ist die Auswahl von Kräutern, die ausgesät werden können, doch recht groß. Allein mit ihnen kann schon ein ordentliches Kräuterbeet gefüllt werden. Ergänzt werden kann es mit Kräutern, die es meist nur als Jungpflanzen zu kaufen gibt. Nicht bei allen Kräutern lohnt sich eine Aussaat, wenn nur wenige Exemplare im Garten benötigt werden. Anders sieht das bei Kräutern wie Basilikum und Petersilie aus, von denen viel in der Küche verbraucht wird.

Kräuter pflegen

▸ **Solange die Pflanzen** noch klein sind, werden auflaufende Unkräuter regelmäßig entfernt. Der Boden um die Kräuter wird mit einer Hacke gelockert.

▸ **Gedüngt** werden Kräuter eher sparsam, damit sich das Aroma gut entfalten kann. Ab August werden die winterharten Kräuter wie Schnittlauch und Liebstöckel nicht mehr gedüngt.

▸ **Regelmäßiger Rückschnitt** fördert einen buschigen Wuchs. Zitronen-Melisse

und Estragon werden im Frühsommer, Lavendel nach der Blüte kräftig zurückgeschnitten. Schnittgut landet in der Küche oder wird zur Herstellung von pflanzenstärkenden Kräuterbrühen verwendet.

▸ **Im Frühjahr oder Herbst** werden horstbildende Kräuter wie Schnittlauch geteilt und neu aufgepflanzt.

▸ **Frostempfindliche Kräuter** werden spätestens im November ins Winterquartier geräumt. Kräutertöpfe regelmäßig auf Schädlinge und Krankheiten kontrollieren und mäßig gießen.

▸ **Winterharte Kräuter** werden mit einer Laub- oder Reisigschicht abgedeckt. Zur Verlängerung der Erntezeit können einige der Kräuter auch ausgegraben und in einen Frühbeetkasten gesetzt werden.

Kräuter ernten

Für den täglichen Gebrauch können die Kräuter jederzeit geerntet werden. Sollen die Kräuter konserviert werden, erntet man sie kurz vor der Blüte. Ausnahmen sind hier Majoran und Oregano, die

Mit Kräutern aus dem Garten können Sie Öl aromatisieren.

Die Kräuterspirale bietet verschiedenen Kräutern den idealen Platz.

während der Blüte die höchste Aromastoffkonzentration haben. Zum Trocknen werden die Kräuter einzeln auf Küchenpapier gelegt oder in lockeren Bündeln an einen schattigen, luftigen Platz gehängt.

Kräuter in der Spirale

In einer Kräuterspirale finden viele Kräuter mit unterschiedlichen Ansprüchen Platz. Eine Kräuterspirale hat etwa einen Durchmesser von 3 m und wird aus Natursteinen ähnlich einer Trockenmauer aufgeschichtet, nur dass es hier schnecken-

förmig nach oben geht. Sie besteht aus vier unterschiedlichen Zonen. Ganz oben befindet sich ein durchlässiger Boden, in dem sich vor allem mediterrane Kräuter wie Lavendel, Thymian und Oregano wohlfühlen. Ganz unten liegt eine Zone mit feuchter Erde, die oft in einen kleinen Teich mündet, in dem Brunnenkresse sehr gut wachsen kann. In dieser Zone wachsen Melisse, Agastache und Minzen (von denen einige Arten auch gesät werden können). Die Zone dazwischen hat einen normalen Gartenboden, hier wachsen Schnittlauch, Petersilie und viele andere Kräuter. ●

SMART

Lieblingsplätze

> **Viele Kräuter** mögen es sonnig. Ausnahmen, die auch Schatten vertragen, sind Zitronen-Melisse und Kresse.

> **Der Boden** sollte trocken, durchlässig und nicht zu nahrhaft sein. Schnittlauch und Brunnenkresse ziehen jedoch einen nahrhaften, feuchten Boden vor.

Frisches Gemüse

SPEZIAL

Gemüse: schnell & einfach

Noch nie war Aussäen einfacher: Saatbänder oder Saatplatten aus Vlies erleichtern die Aussaat enorm. Die Bänder werden nur noch nach Packungsanweisung auf den Boden gelegt, abgedeckt und gegossen – und schon ist die Aussaat erledigt. Sie brauchen die jungen Pflänzchen auch nicht mehr verziehen, denn die Samen liegen schon im richtigen Abstand zueinander. Es gibt sogar schon Saatbänder mit verschiedenen Sorten, so dass es „Abwechslung am laufenden Meter" gibt (z. B. Möhren 'Bunte Möhren', Salatmischung 'Baby Leaf' oder Radieschen 'Ostereier-Mix').

Schnelle Radieschen

Radieschen (*Raphanus sativus*) sind nicht nur rund und rot. Die kleinen „Kugeln" gibt es in verschiedenen Farben: rot-weiß ('Radies Rundes halbrot-halbweiß'), weiß ('Albena'), gelb ('Zlata') und lila ('Viola'). Lange Wurzeln haben 'Radies Eiszapfen' und 'French Breakfast'. Da Radieschen schnell wieder geerntet werden kön-

nen, brauchen sie nicht unbedingt ein eigenes Beet, sondern laufen als Markierung oder als Zwischensaat einfach mit. Wichtig ist, dass für eine gleichmäßige Feuchtigkeit gesorgt wird, damit die Radieschen nicht pelzig werden.

▶ **Ab März** können die Samen ausgelegt werden. Halten Sie einen Abstand von etwa 10 cm ein, damit sich die Wurzeln gut entwickeln. Radieschen werden wie

Die Saatbänder werden in die vorgezogenen Rillen gelegt.

Schwachzehrer oder Mittelstarkzehrer in die Fruchtfolge eingegliedert.

Salat ernten übers Jahr

Wenn Sie es geschickt planen, haben Sie das ganze Jahr über frischen Salat im Haus. Im Frühling und Sommer gibt es Kopf-, Pflück- und Schnittsalate (z. T. aus dem Frühbeet) und Löwenzahn, im Herbst gibt es Zuckerhut und Endivien und im Winter folgen Radicchio und Feldsalat.

▶ **Kopfsalat** (*Lactuca sativa*): Frühlingssorten wie 'Maikönig' können schon ab März gesät werden, Sommersorten wie 'Trotzkopf' von April bis Juni. Mehrmaliges Nachsäen im 14-Tage-Rhythmus hat sich bewährt.

▶ **Pflück- und Schnittsalat** (*Lactuca sativa*): Hier ist Abwechslung angesagt, wenn Sie zu den grünen Sorten auch gelbe, rotbraune, rote und rotgrüne Sorten mit gekrausten ('Lollo Rosso') oder gelappten Blättern (Eichblattsalate) säen.

▶ **Zuckerhut und Endivien** (*Cichorium intybus*) werden ab

Viele Sorten vertreibt die Langeweile aus dem Salatbeet.

Juni, Radicchio ab Mai gesät. Vom Herbst bis zum Winter kann geerntet werden.

▸ Feldsalat (*Valerianella locusta*) kann ab August auf abgeernteten Beeten gesät werden. Von Herbst bis Frühling wird geerntet.

Knackige Möhren

Süße, knackige Möhren wie 'Tendersnax' und 'Mini Finger' können jederzeit frisch geerntet werden. Wenn Sie es abwechslungsreich mögen, säen Sie violette ('Purple Haze'), gelbe ('Mello Yello'), weiße ('Crème de Lite') oder rote Möhren ('Nutri-Red'). Oder Sie probieren die runden Karotten ('Pariser Markt', 'Parmex').

▸ Möhren (*Daucus carota*) brauchen einen lockeren, tiefgründigen, humosen Boden. Besonders wichtig ist, dass der Boden nicht frisch mit Mist gedüngt wurde, denn dieser lockt die Möhrenfliege an, die ihre Eier an die Möhren legt. Fliegenfrei bleiben die Sorten 'Flyaway' und 'Resistafly'.

▸ Frühe Möhren werden ab März dünn und etwa 1 cm tief gesät. Späte und Wintermöhren werden von Ende Mai bis Ende Juni gesät.

SMART

Geduldsspiel

Möhrensaat geht erst nach drei bis vier Wochen auf. Wenn die Samen in einen Plastikbeutel mit feuchtem Sand einige Tage in einem warmen Zimmer vorquellen, keimen sie schneller. Sie müssen dann aber sofort ausgesät werden.

Der Kürbis und seine Familie

Kürbisse, Gurken und Zucchini gehören zu einer großen Familie. Die Sortenvielfalt in der Kürbisverwandtschaft ist erstaunlich groß und durchaus wert, durchprobiert zu werden.

Gurken

Gurke ist nicht gleich Gurke. Wollen Sie Salatgurken, Einlegegurken (z. B. 'Bimbostar', 'Clementine') oder Schmorgurken ernten? Für Unentschlossene gibt es 'Moneta', die eingelegt, gekocht oder zu Salat verarbeitet werden kann. Bei Salatgurken unterscheidet man Freilandgurken (z. B. 'Konsa') und Gewächshausgurken (z. B. 'Futura').

▸ **Den kleinen Snack** für zwischendurch liefern die Minigurken 'Printo' und 'Rimoni'.

Zucchini & Kürbisse

▸ **Sommerkürbisse** gibt es in vielen Spielarten: Spaghettikürbisse mit fadenförmigem Fruchtfleisch ('Sperling's Bologneser'), Butternusskürbisse mit glockenförmigen Früchten ('Early Butter Nut') und Patissonkürbisse, die Ufos ähneln ('Custard White').

Neben den schlanken, grünen Zucchini gibt es gelbfrüchtige (z. B. 'Gold Rush') und kugelige Sorten (z. B. 'Scallopini', 'Eight Ball'). Besonders wohlschmeckend sind die Muskatkürbisse (*C. moschata*), z. B. 'Muscade de Provence'.

Nicht nur essbar, sondern auch sehr dekorativ sind die 'Bischofsmützen' und 'Mesa Queen' mit einer schwarzvioletten Schale.

▸ **Für Halloween-Kürbisse** im Herbst gibt es spezielle, dünnwandige Kürbisse, die aber meist nicht mehr besonders gut schmecken ('Tom Fox').

▸ **Für Wettbewerbe** eignen sich Kürbisse der Art *Cucurbita maxima*: 'Gran Gigante' oder 'Atlantic Giant' bringen es auf 200 bis 250 kg pro Frucht.

▸ **Ölkürbisse** enthalten viele Kerne, die keine Schale haben und sich so zum Knabbern eignen ('Gleisdorfer Ölkürbis', 'Snackjack').

Vor den leckeren Früchten begeistern die großen, gelben Blüten der Zucchini.

Kürbisernte im Herbst: Riesenkürbis, Herkuleskeule, Hokkaido und Butternuss.

Aussaat und Pflege

Gurken und Kürbisse können ab Mitte Mai direkt ins Freiland gesät werden. Es werden 2–3 Samen gelegt, der Stärkste wird belassen.

▸ **Gurken sind Starkzehrer** und brauchen einen nahrhaften, gut gedüngten Boden. Der Boden sollte immer feucht gehalten werden, damit sich die wasserreichen Früchte gut entwickeln können und nicht bitter werden. Kürbisse und Zucchini brauchen von allem ein bisschen mehr als die Gurken: mehr Wasser, mehr Dünger, mehr Platz. Eine Kürbispflanze kann locker 4 m² überwuchern. Legen Sie unter die reifenden Früchte Holzbretter, so liegen die Kürbisse nicht auf dem feuchten Boden und können nicht faulen.

Achten Sie beim Samenkauf auf mehltautolerante und -resistente Sorten. ●

SMART

Gurken-Exoten

❯ **Kiwanos oder Stachelgurken** (*Cucumis metuliferus*) erinnern im Geschmack an Gurken, Bananen und Limetten. Die stacheligen, orangeroten Früchte werden ca. 15 cm lang. Sie wachsen am besten im Gewächshaus.

❯ **Mexikanische Minigurken** (*Melothria scabra*) sehen aus wie winzige Wassermelonen. Die gestreiften Früchte werden etwa 3 cm lang und schmecken leicht säuelich wie Gurken. Sie können roh als Snack gegessen oder sauer eingelegt werden.

Tomaten & Paprika

Sonnenverwöhnte Tomaten

Die vielen verschiedenen Tomatensorten unterscheiden sich nicht nur in ihrer Größe und ihrer Form voneinander, sondern auch in Farbe, Geschmack und Reifezeitpunkt. Es gibt große Fleischtomaten, Flaschentomaten und die kleineren Johannisbeertomaten. Tomaten glänzen mit roten, gelben, orangefarbenen ('Sungold'), sehr dunklen, fast schwarzroten ('Noire de Russe'), rotbraunen, weißen ('Weiße Schönheit'), grünen ('Grünes Zebra') oder sogar gestreiften Früchten ('Tigerella').
Wer erst mal in die Welt der Tomaten eingetaucht ist, den packt schnell der Sammlerergeiz. Achten Sie beim Sammeln von Tomatensorten darauf, dass sie samenecht sind, es sich also um keine Hybriden (F$_1$-Saatgut) handelt. Samenechte Sorten werden von Tomatensammlern verkauft und können auch von Ihnen mit ein wenig Geduld selbst gesammelt werden.

▸ **Der größte Feind** der Tomaten (*Lycopersicon esculentum*) ist die Kraut- und Braunfäule. Kaufen Sie deshalb am besten resistentes oder tolerantes Saatgut. Pflanzen Sie die Tomaten jedes Jahr an einen anderen Platz und nicht in die Nähe von Kartoffeln.

Süßer Paprika

Die Welt der Paprikaschoten (*Capsicum annuum*) ist bunt. Wer möchte, kann die aus den Supermärkten bekannten blockförmigen Paprika in grün ('Szegediner'), rot ('Polka') oder gelb ('Gourmet') anbauen. Vielleicht haben Sie auch Interesse an orangefarbenem ('Narobi') oder violettem Paprika ('Mavras')? Im Angebot sind außerdem die aus der ungarischen und türkischen Küche bekannten langen Paprika, die von grün ('Lipari') über hellgelb ('Pusztagold') und orange ('Pinokkio') bis rot ('Sammy') abreifen.

▸ **Kleine, süße Paprika**, die schnell in der Brotbüchse oder auf dem Grill landen, sind z. B. 'Red Tinkerbell' und 'Pritavit'. Die Sorte 'Nazar' bleibt klein und ist gut für Balkongärtner geeignet.

Aussaat und Pflege

Damit Tomaten und Paprika einen guten Vorsprung haben, werden sie am besten

---

Samenechte Tomatensorten

Kleinfrüchtige Sorten: 'Cerise', 'Gardener's Delight', 'Yellow Pearshaped'.

Mittelfrühe Sorten: 'Tigerella', 'Grünes Zebra' (auch als 'Black Zebra' und 'Red Zebra'), 'Ananastomate', 'Brandywine'.

Mittelspäte und späte Sorten: 'Andenhorn', 'Noire de Russe', 'De Berao'.

ab Ende Februar in kleinen Töpfen oder in Saatschalen ausgesät. Ab Mitte Mai können sie dann entweder in große Töpfe (Durchmesser mindestens 25 cm) oder an einen sonnigen, regengeschützten Platz ausgepflanzt werden. Setzen Sie die Pflanzen etwas tiefer, damit sie zusätzlich Wurzeln ausbilden können. So können sie besser Wasser und Nährstoffe aufnehmen.

▸ Lassen Sie die Sonnenkinder nie austrocknen! Sie reagieren sehr empfindlich darauf. Es hat sich bewährt, neben die durstigen Tomaten einen Tontopf einzugraben, in den gegossen wird. So vermeidet man, dass die Blätter mit Wasser benetzt werden. Bei Fruchtansatz

Paprika und Tomaten: Das Traumpaar für den Garten auf Balkonien.

Tomaten-Schutz

▸ **Um der gefürchteten Kraut- und Braunfäule an Tomaten vorzubeugen, können Sie die Pflanzen im Gewächshaus oder unter einem Foliendach ziehen. So werden die Blätter während eines sommerlichen Regens nicht nass und der Braunfäulepilz hat keine Chance.**

wird regelmäßig gedüngt. Im Handel gibt es speziellen Tomatendünger zu kaufen.

▸ Stab- oder Gartentomaten brauchen eine Stütze. Die Seitentriebe, die aus den Blattachseln wachsen, sollten schon frühzeitig entfernt werden. Gegebenenfalls können Sie nach dem 6. Blütenstand die Pflanze kappen und alle weiteren Blütenstände entfernen, damit die Früchte gut ausreifen. Die

gesunden „Abfälle" können Sie den Tomaten auf die Erde legen. Bei Buschtomaten entfällt das Ausgeizen.

▸ Grüne, unreife Tomaten sind giftig – es sei denn, sie reifen grün ab wie 'Grünes Zebra' oder werden eingelegt. Grüne, unreife Paprika können ohne Einschränkung gegessen werden. Die regelmäßige Ernte begünstigt sogar die Neubildung von Früchten. ●

Knackig & gesund

Bunte Welt des Kohls

Auf den Wochenmärkten treibt es die Kohlfamilie schon sehr bunt. Es gibt z. B. Weißkohl, Rotkohl, Blumenkohl, Brokkoli, Kohlrabi, Rosenkohl. Für den Garten kommen noch weitere farbige Spielarten hinzu. Neben den bekannten grünen Sorten gibt es in den Saatgutkatalogen auch immer mehr blaue und violette Sorten. Blauer Kohlrabi ('Blauer Speck'), violetter Blumenkohl ('Rosalind',

'Grafitti') und Brokkoli ('Blauer aus Sizilien'), violetter Grünkohl ('Redbor') und roter Rosenkohl ('Rubine') bringen Abwechslung in das Beet und auf den Tisch. Grüner Blumenkohl ist besser bekannt unter den Sortennamen 'Romanesco' und 'Minarett'.
Alle Kohlarten (*Brassica oleracea*) sind bis auf den Kohlrabi Starkzehrer. Die Beete werden im Herbst mit Kompost und organischem Dünger vorbereitet. Gehen Sie bei der Auswahl klug vor,

denn besonders Kopfkohl nimmt viel Platz im Gemüsebeet ein.

Bohnen & Erbsen

▶ Gartenbohnen (*Phaseolus vulgaris*) werden in Stangen- und Buschbohnen unterschieden. Buschbohnen brauchen keine Stütze. Grüne, gelbe (z. B. 'Golddukat') und lilafarbene Früchte (z. B. 'Purple Teepee') bringen Farbe in das Beet. Stangenbohnen sind etwas anspruchsvoller als Buschbohnen, sie brauchen mehr Wärme und mehr Platz. Auch hier bietet das Sortiment neben den grünen auch gelbe ('Goldregen') und violette Sorten ('Blauhilde'). Die Bohnensamen werden ab Mitte Mai in Reihen (Buschbohnen) oder in Horsten um eine Kletterhilfe (Stangenbohnen) gelegt.
▶ Erbsen (*Pisum sativum*): Schälerbsen können schon ab März gesät werden. Sie haben große, runde Körner ('Rheinperle'). Markerbsen und Zuckererbsen werden ab April gesät. Erstere schmecken süß und zart, solange sie noch jung sind

Rosenkohl, Wirsing oder Kopfkohl: ein gesundes Wintergemüse.

('Wunder von Kelvedon'). Zuckererbsen werden geerntet, bevor sich die Schoten aufblähen ('Zuccola'). Die Sorte 'Capucijners' hat blaue Hülsen. Hohe Sorten brauchen eine Stütze aus Maschendraht.

▸ Hülsenfrüchte sind Schwachzehrer und gleichzeitig Gründüngungspflanzen, denn mit ihren Knöllchenbakterien an den Wurzeln sammeln sie Stickstoff und reichern den Boden damit an.

Zuckermais

Zuckermais (*Zea mays*) und Stangenbohnen vertragen sich gut in einem Beet. Der Mais fungiert dabei als Kletterhilfe für die Bohnen. Am

Gelbe, violette und grüne Bohnen machen den Garten schöner.

SMART

Feuerrote Himmelsstürmer ...

... sind die Feuerbohnen (*Phaseolus coccineus*). Sie können als Sicht- und Windschutz gezogen werden. Neben Sorten mit feuerroten Blüten ('Rotblühende') gibt es weiße Sorten ('Weiße Riesen'). Wer keinen Platz für Klettermaxe hat, wählt die buschige Sorte 'Hestia'.

Rand eines Gemüsebeetes sind sie außerdem ein wirkungsvoller Windschutz. Besonders süß im Geschmack sind 'Tasty Gold' und 'Sweet Nuggets'. Mini-Maiskolben zum Kochen und Einlegen ernten Sie bei 'Minor'. Die Kolben werden vor der Reife geerntet. Die getrockneten Körner der Sorte 'Erdbeermais' können zu Popcorn verarbeitet werden.

▸ Mais wird Anfang Mai direkt gesät. Legen Sie 2–3 Samenkörner in 10 cm Abstand. Lassen Sie nur die kräftigsten Sämlinge stehen, sodass ein Zwischenraum von 30 bis 40 cm bleibt. Die Pflanzen brauchen viel Wasser und viel Dünger, um kräftig wachsen zu können. Die Erntezeit liegt im September, wenn die Körner beim Drücken noch milchigen Saft abgeben. ●

Plagegeister im Beet

Gefräßige Nacktschnecken

Nacktschnecken können innerhalb kürzester Zeit kleine Pflänzchen wegraspeln. Schleimspuren auf den Überresten oder auf der Erde verraten ihre Anwesenheit, auch wenn tagsüber wenig von ihnen zu sehen ist. Um die jungen Pflanzen zu schützen, können Sie einen Schneckenzaun um das ganze Beet oder Schneckenkragen um einzelne Pflanzen setzen. Achten Sie schon bei der Bodenbearbeitung im Herbst und auch im Frühjahr auf die weißlichen Schneckeneiergelege im Boden und zerstören Sie sie.

Nematoden & Co.

▸ **Fadenwürmer** (Nematoden) sind mit dem bloßen Auge nicht zu sehen. Sie sind mikroskopisch klein, leben im Boden und schädigen die Wurzeln. Dort, wo sie ihr Unwesen treiben, fallen junge Pflänzchen um. Sind im vorhergehenden Jahr schon Lücken im Beet aufgefallen, sollten Sie jetzt Tagetes säen. Sie enthalten in ihren Wurzeln ein wirk-

Jäten Sie Unkraut!

▸ **Unkraut wächst** sehr viel schneller als Sämlinge und nimmt ihnen Licht, Nährstoffe, Wasser und Platz. Die eigentliche Saat geht im Unkraut unter und wird verdrängt. Achten Sie deshalb schon bei der Saatbettbereitung darauf, Wurzelunkräuter wie Quecke und Löwenzahn zu entfernen. Jäten Sie regelmäßig und vernichten Sie die Samenunkräuter wie Knopfkraut und Hirtentäschel, bevor sie Samen ansetzen.

sames Nematodengift. Mischungen sind unter verschiedenen Namen (z. B. 'Nematodenkiller') im Handel erhältlich.

▸ **Blattläuse** laben sich besonders gern an jungen Trieben und auch an Sämlingen. Hier können Sie die Blattläuse nur vorsichtig absammeln. Abspritzen ist nicht zu empfehlen, weil die Pflänzchen zu empfindlich sind und der Boden vernässen würde. Mit Vlies oder Folie können Sie Blattläuse und andere Schädlinge fernhalten.

Hier bahnt sich eine Rote Wegschnecke ihren Weg durch ein Beet.

Studenten- und Ringelblumen machen den Boden wieder nematodenfrei.

▸ **Vögel fressen gern** junges Grün und Samen. Ein Vlies schützt Ihre Aussaat vor den geflügelten Dieben.

▸ **Wühlmäuse** können ein ganzes Saatbeet durch ihre unterirdische Tätigkeit zerstören. Wenn Sie ein Wühlmausproblem haben, hilft nur die Aussaat in Saatschalen oder Sie vertreiben die Wühlmäuse mit handelsüblichen Vergrämungsmitteln.

▸ **Trauermücken** leben im und auf dem Boden. Die kleinen, schwarzen Mücken sind nur lästig. Die weißen Larven fressen an den feinen Wurzeln. Gelbtafeln fangen die Mücken ab. Eine feine Schicht Sand auf der Aussaaterde verhindert die Eiablage.

Umfallkrankheiten

Von heut' auf morgen können kleine Sämlinge von Bodenpilzen befallen werden. Die dünnen Stängelchen werden dann schwarz, sehen eingeschnürt aus oder fallen um.
Um Fehlschläge zu vermeiden, sollten die Aussaatgefäße für eine Vorkultur sauber und keimfrei sein. Heißes Wasser mit einem Schuss Essigessenz und Nachspülen mit klarem Wasser reichen völlig aus. Desinfektionsmittel sind nicht nötig.
Die Erde sollte feucht, aber nicht nass sein. Sonst haben die Pilze leichtes Spiel.
Bei der Direktsaat ins Beet können Sie auf Nummer sicher gehen, wenn Sie die Samen beizen (s. Seite 12). Säen Sie nicht zu früh. Die Sämlinge brauchen bei kühlfeuchter Witterung länger, bis sie kräftig sind. ●

Altes Gemüse –
neu entdeckt

Einige der in Vergessenheit geratenen, traditionellen Gemüsearten werden gerade wieder neu entdeckt, wie Mangold, Rote Bete oder Puffbohnen.

Gemüse aus Großmutters Garten

Gemüse verschwindet dann vom Markt, wenn der Anbau sehr viel Handarbeit verlangt, wie beim Teltower Rübchen, oder eine „bessere" Art gefunden wird, wie bei den Spinatvorläufern Melde (*Chenopodium atriplex*), Guter Heinrich (*C. bonus-henricus*) und Erdbeerspinat (*C. capitatum*). Auch andere Gemüsearten aus den Gärten unserer Großeltern sind es wert, in geringem Umfang im Garten angebaut zu werden. Pastinaken (*Pastinaca sativa*) und Petersilienwurzeln (*Petroselinum crispum* var. *tuberosum*) haben eine ähnliche Süße wie die ver-

wandten Möhren, sind aber etwas würziger. Die zartfleischigen Mairüben (*Brassica rapa* subsp. *rapa*) sind nahe Verwandte der Teltower Rübchen. Sie werden schon früh im Jahr gesät und im Mai geerntet, daher auch der Name. In Frankreich heißen sie Navetrüben. Die Teltower Rübchen werden dagegen erst im Herbst geerntet.

Schwarzwurzeln (*Scorzonera hispanica*) und Haferwurzeln (*Trapopogon porrifolius*) haben essbare Wurzeln mit einem weißen Fleisch. Haferwurzeln haben einen süßlichen Geschmack und werden ähnlich wie die Schwarzwurzeln zubereitet. Die Spargelerbse (*Tetragonobolus purpureus*) hat leuchtend purpurrote Blüten und ist allein deshalb schon ein Hingucker. Die Hülsen sind eckig mit pergamentartigen Flügeln an den Kanten. Im Geschmack ähneln sie nicht dem Spargel, wie der Name vermuten lässt, sondern eher jungen Bohnen.

Puffbohne
Vicia faba

✤ Schmetterlingsblütler

Vielleicht kennen Sie die Puffbohnen auch als Dicke Bohnen, Pferdebohnen oder Saubohnen.

▸ Pflege: Spätestens ab Anfang März säen. Bohnenkerne über Nacht vorquellen lassen. Die robusten Bohnen anhäufeln und bei Trockenheit gießen. Keine zusätzliche Düngung.

▸ Sorten: 'Piccola', 'Buntsamige Kleine'

▸ Tipp: Gegen die Schwarze Bohnenlaus helfen ein weiter, luftiger Stand, Auskneifen befallener Spitzen und die Nähe zu Bohnenkraut.

Mangold
Beta vulgaris var. *cicla*

✤ Gänsefußgewächs

Blatt- und Stielmangold feiern derzeit ihre Renaissance als dekoratives Gemüse.

▶ Pflege: Von April bis Juni in Reihen säen. Mangold braucht viel Wasser, um die großen Blattmengen bilden zu können. Beet im Herbst mit Kompost und organischem Dünger vorbereiten.

▶ Sorten: 'Lukullus', 'Vulkan', 'Bright Lights'

▶ Tipp: Mangold wird leicht von Mehltau befallen, wenn er zu dicht steht. Spät gesäter Mangold kann auch im Winter geerntet werden.

Teltower Rübchen
Brassica rapa subsp. *rapa*

✤ Kreuzblütler

Die Teltower Rübchen sind besonders im Raum Brandenburg bekannt und beliebt.

▶ Pflege: Ab August (als Folgekultur) oder März wird in Reihen gesät. Geerntet wird dann neun Wochen später. Besonders gut für magere, durchlässige Sandböden geeignet. Bei zu dichtem Stand verziehen.

▶ Sorten: keine, auch als 'Kleine Teltower' bekannt

▶ Tipp: Achtung! Nicht jedes Teltower Rübchen, das verkauft wird, ist auch eines. Vereine zum Erhalt alter Kulturpflanzen haben Originalsaatgut vorrätig.

Rote Bete
Beta vulgaris subsp. *vulgaris*

✤ Gänsefußgewächs

Rote Bete ist nicht nur rot, es gibt sie auch in Gelb und in Pink ('Lollipop-Mischung').

▶ Pflege: Frühe Aussaaten ab April, späte auch zwischen Mai und Juni möglich. Rote Bete ist anspruchslos. Auf ausreichend Feuchtigkeit achten, damit die Rüben schön zart werden.

▶ Sorten: 'Forono', 'Ägyptische Plattrunde'

▶ Tipp: Rote Bete dürfen bei der Ernte nicht verletzt werden, sonst „verbluten" sie. Wintervorräte zum Einlagern in feuchten Sand einschlagen.

Altes Gemüse

Würzig & scharf

Aromatischer Rettich

Der Verwandte des Radieschens kann je nach Sorte angenehm mild oder würzig scharf schmecken. Rettiche (*Raphanus sativus*) brauchen einen Mindestabstand von 10–25 cm, damit sich die Wurzeln gut entwickeln können. Frühlingsrettiche werden ab März, hitzeverträgliche Sommerrettiche ab Mai und schwarze Winterrettiche ab Juli ausgesät.

▸ **Weißer Rettich** ist mildwürzig. Hier unterscheidet man Sommerrettiche (z. B. 'Rex') und Winterrettiche

(z. B. 'Münchner Bier'). Schwarzer Rettich (Winterrettich) hat einen würzig-scharfen Geschmack (z. B. 'Runder schwarzer Winter', 'Langer schwarzer Winter').

▸ **Bunt treiben es** die Rettichsorten 'Hild's Blauer Herbst und Winter', 'Hild's Roter Neckarruhm', 'Ostergruß rosa' oder 'Red Meat', der außen weiß und innen rot ist.

Gesunde Zwiebeln

Zwiebeln sind wahre Fitmacher und Gesunderhalter, die in keinem Garten fehlen

dürfen. Sie enthalten außer vielen Vitaminen auch schwefelhaltige ätherische Öle, die antiseptisch und desinfizierend wirken. Vor dem Zwiebelanbau steht aber die Frage: Steckzwiebeln oder Saatzwiebeln? Steckzwiebeln werden ab April in den Boden gesteckt, während die Saatzwiebeln ab März gesät werden. Mit den Steckzwiebeln haben Sie also einen kleinen Vorsprung. Zwiebeln haben eine etwa dreiwöchige Keimphase. Für welche Sie sich auch entscheiden, beide Formen bieten eine breite Sortenauswahl.

▸ **Scharfe Küchenzwiebeln** sind die bekannten Sorten 'Zittauer Gelbe', 'Stuttgarter Riesen' und die rote Zwiebelsorte 'Braunschweiger'. Etwas feiner im Geschmack sind die Schalotten (z. B. 'Conserver', 'Echailon Zébrune').

▸ **Frühlings- oder Lauchzwiebeln** können auch im August ausgesät werden. Sie sind frosthart und können als erste Zwiebeln im Frühjahr geerntet werden. Neben den weißen

Der schwarze Winterrettich schmeckt sehr scharf und würzig.

(z. B. 'Lange weiße Milda')
gibt es auch rote Sorten
(z. B. 'Sperling's Toga').
▶ **Besonders mild** im Geschmack sind die großen
Gemüsezwiebeln (z. B.
'The Kelsea', 'Red Kite') und
die kleinen Perlzwiebeln
(z. B. 'Barletta').

Scharfe Schoten

In eine ganz andere Pflan-
zengruppe gehört der
Gewürzpaprika oder Chili
(*Capsicum annuum*, *C. frutescens*). Die wärmebedürftigen Pflanzen wachsen am
besten im Kleingewächshaus
oder im Topf auf der sonnigen Terrasse. Ab März wird
im Haus ausgesät. Die jun-

Chilis sieht man nicht an, wie scharf sie sind! Unbedingt vorsichtig probieren!

gen Pflänzchen kommen ab
Mai ins Freie. Die Art *Capsicum frutescens* kann hell und
kühl im Haus überwintert
werden. Chili lassen sich
sehr gut aus den Samen
frischer, gekaufter Früchte
vermehren.
▶ **Milde Chilis** ähneln im
Geschmack dem Gemüse-
paprika, haben jedoch eine
angenehm leichte Schärfe
(z. B. Glockenchili, *C. bacca-
tum* und *C. annuum* 'Ana-
heim').

▶ **Mittelscharfe Chilis** bieten
dem europäischen Gaumen
genau die richtige Schärfe,
z. B. *C. annuum* 'Ancho',
'Jalapeño' und 'Mulato'.
▶ **Scharfe Chilis** sind reiner
Nervenkitzel. Von ihnen
sollten nur geringe Mengen
verwendet werden. Sehr
scharf sind z. B. *C. annuum*
'Habanero', *C. chinense*
'Scotch Bonnett', der Mar-
tinique-Chili und 'Tabasco'.
Und nicht vergessen, nie
mit Wasser löschen! ●

Süße Früchte –
selbst gesät

Mmmh – so süß können Gartenfrüchte schmecken. Die Samentüten bieten nicht nur allerhand Gemüse, sondern auch einige leckere Obstarten zum Aussäen. Zwar ist hier die Vielfalt nicht so groß, die Aussaat lohnt aber allemal.

Obst zum Aussäen – geht denn das? Ja, aber Sie haben schon Recht mit Ihren Zweifeln. Stachelbeeren, Äpfel und anderes Baum- und Strauchobst kann zwar ausgesät werden, aber erstens muss man dann jahrelang warten, bis die erste Blüte erscheint, und dann kann man sich auch nicht sicher

sein, ob die Früchte wirklich gut schmecken. Dann gehen Sie doch lieber auf Nummer sicher und säen Sie andere süße Früchtchen wie Erdbeeren, Kapstachelbeeren und Maracuja oder auch größere Früchte wie Pepino und Melonen aus. Hier können Sie schon im ersten Jahr ernten.

Zuckermelonen (*Cucumis melo*) und Wassermelonen (*Citrullus lantana*) haben sehr hohe Ansprüche und sind Gärtnern vorbehalten, die schon Erfolge mit anderen Kürbisgewächsen wie Gurken und Kürbissen aufweisen können. Für die meisten Sorten ist ein Gewächs- oder Folienhaus ideal.

◂ **Die Kapstachelbeere** (*Physalis peruviana*) trägt viele Namen, darunter Andenbeere oder Inkapflaume. Die orangenen Früchte wachsen in kleinen, pergamentartigen Lampions und schmecken leicht säuerlich. Die Pflanzen wachsen hoch aufrecht und werden ähnlich gezogen und kultiviert wie die Tomaten. Für die Topfkultur ist die eher schirmartig wachsende Sorte 'Little Lanterns' geeignet.

▶ Pepinos oder Birnen-
melonen (*Solanum murica-
tum*) findet man kaum auf
Gemüsemärkten. Wer die
süßen, leicht nach Melonen
und Birnen schmeckenden
Früchte probieren will, muss
sie selbst aussäen. Am besten
gedeihen sie in großen Töpfen
oder Ampeln. Die Kultur ent-
spricht der von Tomaten. Die
Pepinos können hell bei 15 °C
überwintert werden. Besser ist
es jedoch, Stecklinge zu bewur-
zeln und zu überwintern oder
ab März neu auszusäen. Die reifen Früchte können wie Äpfel
roh oder gedünstet gegessen
werden.

◀ Wald-Erdbeeren (*Fragaria
vesca*) haben ein sehr feines
Aroma. Wald-Erdbeer-Aroma ist
auch den Monats-Erdbeeren
(z. B. 'Rügen', 'Bowlenzauber')
eigen, an denen den ganzen
Sommer über immer neue
Früchte reifen. Die Monats-
Erdbeere 'Rosana' hat bezau-
bernde rosafarbene Blüten.
Erdbeersamen sollten eine
Nacht vorquellen. Säen Sie am
besten schon ab Februar im
Haus, dann können Sie noch
im gleichen Jahr ernten.
Erdbeeren sind Lichtkeimer!

Süße Früchte

Arbeiten im Gemüsegarten

Aussaat und Pflege

Die meisten Gemüsearten werden ab März/April direkt in das Beet gesät. Ausnahmen sind die wärmebedürftigen Arten wie die Tomaten, die ab März im Haus, oder wie die Gurken, die ab Mai direkt gesät werden. Für eine frühere Ernte können Salate, Radieschen und Kohlpflanzen schon eher in ein Frühbeet gesät oder gepflanzt werden.

▸ Säen Sie dicht, aber nicht zu dicht. Später können überzählige Sämlinge entfernt werden.

▸ Achten Sie beim Verpflanzen darauf, dass die Jungpflanzen unterschiedlich tief gesetzt werden. Tomaten, Kohl und Lauch werden tiefer gesetzt, während Salat und Zwiebeln höher gesetzt werden.

▸ Zu den regelmäßigen Aufgaben im Gemüsegarten gehört das Jäten und Lockern des Bodens. In den heißen Sommermonaten kann es auch notwendig sein, regelmäßig zu wässern.

▸ Wege zwischen den Beeten erleichtern die späteren Arbeiten wie Jäten, Säen, Pflanzen und natürlich das Ernten. Die Beete sollten etwa 120 cm breit sein, so kommen Sie von beiden Seiten bequem bis in die Mitte. Eine günstige Wegbreite sind 30 cm, die kann in kleineren Gärten aber auch schmaler ausfallen.

▸ Machen Sie täglich einen Rundgang durch den Gemüsegarten und entfernen Sie welke Blätter und Geiztriebe bei Tomaten. Ganz nebenbei behalten Sie den Überblick darüber, was gut wächst und wo es Probleme geben könnte.

SMART — Die Mischung macht's!

› **In Mischkulturbeeten** geht es richtig bunt zu. Da stehen Gemüse, Kräuter, Sommerblumen und Stauden scheinbar wahllos nebeneinander. Doch der Schein trügt. Hier steckt ein ausgeklügeltes System dahinter, das seit Jahrzehnten erprobt ist. Hinweise auf gute und schlechte Beetnachbarn finden Sie in der einschlägigen Literatur.

Fruchtfolgeplan

Wer eine Fruchtfolge einplanen möchte, der kann seinen Garten in vier Quartiere unterteilen. Dabei kann jedes Quartier mehrere Beete enthalten. Je ein Quartier ist den Starkzehrern, den Mittelstarkzehrern und den Schwachzehrern vorbehalten. In diesen drei Quartieren

Gemüsearten und ihr Nährstoffhunger

Starkzehrer: große Kohlarten wie Weißkohl und Wirsing, Gurken, Kartoffeln, Lauch, Zucchini, Kürbis, Tomaten.

Mittelstarkzehrer: Zwiebeln, Möhren, Rote Bete, Salat, Spinat, Radieschen, Schwarzwurzeln, Kohlrabi, Paprika.

Schwachzehrer: Bohnen, Erbsen, Kräuter (Salat, Radieschen).

Ein Hochbeet ist eine Alternative zum Gartenboden, wenn dieser nicht tiefgründig genug oder sogar belastet ist.

findet jedes Jahr ein Wechsel statt. Dort, wo vorher die Starkzehrer standen, stehen im folgenden Jahr die Mittelstarkzehrer. Im vierten Quartier stehen Dauerkulturen wie Erdbeeren. Der Vorteil der Fruchtfolge ist, dass im Boden verbleibende Krankheitserreger (z. B. Kohlhernie) und Schädlinge (z. B. Nematoden) ihre Wirtspflanzen nicht mehr finden können, da ja jedes Jahr gewechselt wird.

Für die Starkzehrer werden die Beete schon im Herbst mit Kompost und organischem Dünger vorbereitet. Für Mittelstarkzehrer wird mit Kompost vorbereitet. Bei Bedarf wird im Frühjahr etwas gedüngt. Schwachzehrer brauchen nur etwas Kompost. Sie benötigen nicht viel, und Bohnen und Erbsen geben sogar noch Stickstoff zurück.

Das Hochbeet

Hochbeete erleichtern für viele die Gartenarbeit. Zwischen die senkrecht in den Boden gerammten Eckpfosten werden starke Holzbretter befestigt. Wie bei den Beeten gilt, breiter als 120 cm sollte das Hochbeet nicht sein. Zum Schutz vor Mäusen wird ein engmaschiges Drahtgeflecht auf den Boden ausgelegt und an den Wänden ein Stück hochgezogen. Das Hochbeet wird mit verschiedenen Materialien lagenweise gefüllt. Die unterste Schicht besteht aus grobem Material wie Reisig. Darauf kommen nacheinander verschiedene Materialien wie Grasschnitt, Stroh, gemischte Gartenabfälle, Erde, Laub oder Grobkompost. Den Abschluss bildet eine Schicht aus Kompost und Gartenerde. Die Seitenwände können z. B. mit Kapuzinerkresse berankt werden. Nun kann auf bequeme Weise das Beet bepflanzt werden. ●

Bunte
Blüten

Unermüdliche „Sonnen"blumen

Sie gehören in jeden Garten: die unermüdlichen Sommerblüher, die bis zum ersten Frost blühen. Ob Sonnenblume, Sonnenbraut oder Sonnenhut, die Sonnenkinder lassen den Garten mit ihren Gold- und Orangetönen erstrahlen. Denn sie tragen die Sonne nicht nur im Namen, sondern sehen ihr auch ähnlich.

Die Sonnenbraut blüht in warmen Gelb-, Orange- und Rottönen.

Vielseitige Sonnenblumen

Was für ein Sonnenblumentyp sind Sie? Lieben Sie die klassischen Farben und Größen oder mögen Sie es eher ausgefallen? Das Sonnenblumensortiment hat für jeden das Richtige parat. Für Unentschlossene gibt es Mischungen wie 'Funny Fantasie®'.

▶ Die Riesen unter den Sonnenblumen (*Helianthus annuus, H. debilis*) werden fast 5 m hoch. Sie tragen Namen wie 'King Kong', 'Russian Giant' oder 'American Giant'. Um Wettkampfhöhe zu erreichen, brauchen diese Riesen reichlich Dünger und Wasser.

▶ Die bis zu 2,50 m hohen Sorten eignen sich gut als Sichtschutz. In Reihen gesät, verkleiden sie Zäune, das Müllhäuschen oder den Kompostplatz (z. B. 'Hohe Sonnengold', 'Velvet Queen', 'Ruby Eclipse').

▶ Halbhohe Sonnenblumen (etwa 80 bis 150 cm) passen gut in die hintere Reihe von Rabatten (z. B. 'Sonja', 'Florenza'). 'Italian Green Heart' hat einen cremeweißen Blütenkorb mit grüner Mitte.

▶ Zwergsonnenblumen, die max. 50 cm hoch werden, sind bestens für die Topfkultur geeignet. Besonders klein bleiben 'Big Smile' und 'Pacino'. Die Sorte 'Teddybär' hat stark gefüllte Blüten, die an einen wuscheligen Teddy erinnern.

Beliebter Sonnenhut

Mit bis zu 80 cm Höhe haben die hohen Sorten einen staudenähnlichen Charakter und können gut in Staudenrabatten gepflanzt werden. Bekannte Sorten sind z. B. 'Marmalade' (leuchtend goldorange), 'Meine Freude' (goldgelb), 'Herbstwald' (Mix gelber, bronzener und rotbrauner Töne) und 'Rustic Colours' (gelbbraun).
Niedrige Sorten wie 'Toto' (gelb, 20–25 cm), 'Sonora' (gelb-braun, 30–35 cm) und 'Becky Mix' (gelb-braun, 25 cm) können gruppenweise gepflanzt werden. Außergewöhnlich sind 'Prairie Sun' mit gelben Blütenblättern und einer grünen Mitte und 'Chim Chiminee' mit strahlenförmigen

Blütenblättern. Sorten mit gefüllten Blüten sind 'Maya' (goldgelb), 'Goldilocks' (goldgelb) und 'Cherokee Sunset' (Mix aus gelben, orangenen und rotbraunen Farben).

Die Sonnenblumen strahlen mit der Sommersonne um die Wette.

▸ **Die einjährige Sonnenbraut 'Goldfeld'** (*Helenium amarum*) blüht goldgelb und wird etwa 40 cm hoch. Die verschiedenen Staudensorten (*H. autumnale*) sind mehrjährig und etwas komplizierter in der Anzucht (z. B. 'Sunshine', 'Helena Rote Töne').

Noch mehr Sonnenkinder

▸ **Die Mexikanische Sonnenblume** (*Tithonia rotundifolia*) ist noch relativ unbekannt. Im Wuchs ähnelt sie dem Sonnenhut, die Blüten haben aber wärmere Rottöne (z. B. 'Fackel', 'Goldfinger', 'Fiesta del Sol').

SMART

Allergiker aufgepasst!

› **Sonnenblumen** können Pollenallergikern zu schaffen machen. Mit pollenfreien Sonnenblumen haben nicht nur Allergiker einen ruhigeren Sommer, auch die Tischdecke bleibt bei Sonnenblumensträu-ßen sauber. Abwechslung ist garantiert: 'Double Dandy F1' hat rote, gefüllte Blüten, 'Peach Passion F1' hellorangefarbene Blütenkörbe und 'Starburst Aura F1' gelbe, strahlenförmige Blütenblätter.

Blütenreiche
Klettermaxe

Mit einjährigen, schnellwachsenden und blütenreichen Kletterpflanzen erobern Sie die dritte Dimension in Ihrem Garten oder auf Ihrem Balkon.

Blühender Sichtschutz

Feuerbohnen (*Phaseolus coccineus*), Helmbohnen (*Lablab purpureus*) und Prunkwinden (*Ipomoea purpurea*) bieten Sichtschutz. Sie wachsen sehr schnell und bilden eine üppige Blätterwand. Prunkwinden blühen den ganzen Sommer über (Sorten siehe Porträt rechts). Feuerbohnen vertragen Trockenheit sehr gut. Nach den Blüten, die eifrig von den Bienen besucht werden, können Sie die jungen Früchte sogar ernten und gegart verzehren. Das ist auch wichtig, denn nur so gibt es bis zum Frost ständig neue Blüten. Die meisten Feuerbohnensorten blühen rot. Die Sorte 'Weiße Riesen' blüht dagegen weiß. Einjährige Kletterpflanzen (siehe auch Porträts Seite 47): Purpurglöckchen (*Rhodochiton atrosanguineum*) haben violette Trichterblüten ('Purple Bells'). Kleine, gefiederte, gelbe Blüten hat die Kanarische Kresse (*Tropaeolum pelegrinum*). Die Kapuzinerkresse (*Tropaeolum major*) 'Rankender Roland' wächst bis zu 3 m hoch. Der schnellwachsende Ballonwein (*Cardiospermum halicacabum*) zeigt im Herbst ballonartige Früchte. Mehrjährige Kübelpflanzen wachsen im Sommer im Freien und im Winter im Wintergarten oder im kühlen Zimmer. Die wüchsige Gespensterpflanze (*Aristolochia littoralis*) hat große, braun-weiße Blüten. Die verschiedenen Passionsblumen, etwa die Königsgrenadille (*Passiflora quadrangularis*), haben spektakuläre Blüten.

Prunkwinde
Ipomoea purpurea

✿ **Mai bis September**

Die violetten Blüten der Prunkwinden öffnen sich nur einen Tag lang. Doch das ist nicht schlimm, denn so machen sie Platz für immer neue Blüten.

▶ **Pflege:** Aussaat ab Februar in Töpfe. Ab Mitte Mai kann ins Freiland gepflanzt oder noch gesät werden. Im Sommer unbedingt auf die Wasserversorgung achten!

▶ **Sorten:** 'Kniola's Black', 'Scarlet O'Hara', 'Sunrise Serenade', 'Morning Star'

▶ **Tipp:** Kaiserwinde (*I. tricolor*) mit blauen Blüten ('Himmelblau', 'Glory Morning', 'Candy Pink'), Sternwinde (*I. quamoclit*) mit orangeroten Blütenständen.

So nicht düngen, wächst sonst & blüht weniger

Schwarzäugige Susanne
Thunbergia alata

✿ Juni bis Oktober

Die freundliche Schwarzäugige Susanne kann Hauswände und Zäune begrünen oder freistehend in großen Töpfen und Ampeln wachsen.

▸ Pflege: Ab Februar in Schalen oder Töpfe säen. Ab Mai ins Freiland pflanzen. Die Schlinger wachsen bis zu 2 m hoch und brauchen früh eine Kletterhilfe.

▸ Sorten: 'Superstar Orange', 'Suzie White', 'Spanish Eyes', 'Lemon Star'

▸ Tipp: Für eine reiche Blüte sollten die Samenstände bis auf wenige entfernt werden. Mit etwas Glück können die Pflanzen auch im Haus überwintert werden.

Glockenrebe
Cobaea scandens

✿ Juli bis Oktober

An einem sonnigen Platz überraschen die Glockenreben mit außergewöhnlichen, violetten Glockenblüten.

▸ Pflege: Aussaat von März bis April in Töpfe. Mitte bis Ende Mai ins Freiland pflanzen. Schon kleinen Pflanzen eine Rankhilfe geben.

▸ Sorten: 'Cathedral Bells', 'Glockenklang'

▸ Tipp: Kürzen Sie die jungen Pflanzen leicht ein, so haben sie später einen dichteren Wuchs. Mangelnde Blühwilligkeit kann an zu nahrhaftem Boden liegen.

Kletterndes Löwenmaul
Maurandya barclaiana

✿ Juni bis Oktober

Die Rachenblüten der Maurandien erinnern an Löwenmäulchen. Die zarten Triebe können bis zu 3 m lang werden.

▸ Pflege: Aussaat von März bis April in Töpfe à drei bis fünf Samen. Ab Mitte Mai ins Freie pflanzen. Nicht pikieren, sondern mit Ballen verpflanzen!

▸ Sorten: 'Joan Loraine', Gloxinienwinde (*M. scandens*) 'Mystic'

▸ Tipp: Maurandien kommen auch gut als Hängepflanzen in Ampeln und Kästen zur Geltung. Im Herbst ins Haus geholt, kann man die Blütezeit verlängern.

Klettermaxe

Charmante Bauerngartenblumen

Blaublütiger Rittersporn

Rittersporn (*Delphinium*) ist ein guter Begleiter für Rosen, Sommermargeriten, Lilien und Pfingstrosen. Ab Februar kann im Haus, von April bis Juni auch im Freien gesät werden.

Hier blühen Buschmalven und Stockrosen miteinander.

▸ **Hohe Sorten** werden bis zu 150 cm hoch, z. B. 'Dreaming Spires', eine Mischung mit weißen, blauen und rosa Blütenfarben, die mehltauresistente Sorte 'New Zealand Hybriden' und die halbgefüllte 'Pacific Giants Mischung'.

▸ **Niedrige Sorten** werden etwa 30–40 cm hoch: 'Summer Blues' mit himmelblauen und 'Summer Nights' mit nachtblauen Blüten. Der einjährige Sommer- oder Feldrittersporn (*Consolida ajacis*) ist eng mit dem Rittersporn verwandt. Von März bis April kann direkt ins Freiland gesät werden, bei einer Herbstaussaat im September setzt die Blüte schon im Frühsommer ein.

Elegante Mexikanerin

Die Zinnien (*Zinnia*) wurden schon von den Azteken als Gartenpflanzen geschätzt. Die wärmeliebenden Zinnien werden entweder im Haus vorgezogen oder ab Mitte Mai ins Freie gesät.

▸ **Neue Züchtungen** sind die zweifarbigen 'Swizzle'-Zinnien, die Sorte 'Candy Cane' mit halbgefüllten, gesprenkelten Blüten und 'Peppermint Stick Improved' mit gefüllten, gestreiften und gesprenkelten Blüten.

▸ **Dahlienähnliche Blüten** haben 'Profusion'-Zinnien (einfach bis leicht gefüllt), 'Dahlienblütige Riesen' (bis 90 cm hoch) mit 15 cm großen Blüten, 'Liliput Prachtmischung' mit kleinen, stark gefüllten Pomponblüten und 'Burpees Kaktusblütige Riesen-Zinnien', die an die kaktusblütigen Dahlien erinnern.

▸ **Gelbe, rote und braunrote Blütenfarben** haben z. B. *Zinnia elegans* 'Sombrero' (halb gefüllt), *Z. haageana* 'Old Mexico' und *Z. angustifolia* 'Perserteppich'.

Majestätische Stockrosen

Die großen Stockrosen (*Alcea rosea*) sind ein sommerlicher Blickfang in jedem

Die erste Rittersspornblüte gibt es im Juni/Juli, die Nachblüte im Oktober.

Garten. <u>Säen Sie die meist zweijährigen, bis 2 m hohen Stockrosen ab Mai an Ort und Stelle aus</u>, denn die Pfahlwurzeln vertragen kein Verpflanzen.

▸ **Einfache Blüten** in Weiß-, Rosa-, Rot-, Gelb- und Lilatönen haben z. B. 'Happy Lights' und 'Simplex'.

▸ **Gefüllte Blüten** haben unter anderem 'Prachtmischung', 'Charters Mischung' und 'Crème de Cassis' (lila Blüten).

Eine niedrige Stockrose ist die einjährige 'Majorette' (90 cm). Die Sorte 'Antwerpen' (*A. ficifolia*) ist wider-

standsfähig gegen den gefürchteten Malvenrost.

▸ **Einjährige Malvenarten** sind die Bechermalve (*Lava-*

tera trimestris) und die Trichtermalve (*Malope trifida*). Die Blütenfarben ähneln den Stockrosen.

SMART

Zweijährige Bauerngartenblumen

❯ **Zweijährige Sommerblumen** wie Stockrosen, Fingerhut und Königskerze bilden im ersten Jahr nur Blätter und erst im zweiten Jahr die Blüten. In einem Bauerngarten sollten sie nie fehlen. Im Sommer werden sie gesät und im Herbst verpflanzt. Im Winter werden sie mit Reisig geschützt. Achten Sie darauf, dass das Beet bei der Aussaat feucht und schattig liegt, damit die Sämlinge trotz der späten Aussaat gut aufgehen können.

Romantisch & verspielt

Neben den rustikalen Bauerngartenblumen mit den prächtigen Blüten dürfen aber auch diejenigen Sommerblumen nicht fehlen, die duftige Blütenschleier aus vielen kleinen Blüten weben wie das Schleierkraut oder mit schönen, elfengleich geformten Blüten aufwarten wie die Akeleien.

Duftige Blütenschleier

Das einjährige Schleierkraut (*Gypsophila elegans*) wird wegen seiner haltbaren Blü-

ten gern in der Trockenbinderei verwendet. Die Sorte 'Schneekönigin' blüht weiß, während 'Rosa' rosafarbene Blüten hat.

Ab Juni zeigt die „Jungfer im Grünen" (*Nigella*) zarte, sternenförmige Blüten, die in einem Kranz aus grünen Fiederblättchen sitzen. In einigen Regionen heißt sie deshalb auch „Gretel im Busch" oder „Braut im Haar". Neben Farbmischungen gibt es auch einfarbige Auslesen, z. B. 'Miss Jekyll' (himmelblau) und 'African Bride' (weiß). Die Samenstände eignen sich zum Trocknen.

Die Gilie (*Gilia tricolor*) ist ein Dauerblüher. Den ganzen Sommer über zeigen sich die weißen und rosafarbenen Blüten. *G. capitata* hat zahlreiche kugelige, hellblaue Blütenstände. Meist sind sie in Blumenmischungen enthalten.

Charmante Dauerblüher

Schmuckkörbchen (*Cosmos*) und Schlafmützchen (*Eschscholzia californica*) blühen unermüdlich bis zum Frost in Blumenrabatten und Töpfen. Das Farbspektrum der beiden Einjährigen reicht von Weiß über Rosa und Lila bis hin zu Gelb, Orange und Rot.

▶ **Schmuckkörbchen** tragen ihre offenen Blütenkörbchen über einem feingefiederten Laub. *Cosmos bipinnatus* blüht in Rosatönen, z. B. 'Sea Shells' (100 cm) und 'Daydream' (120 cm). Die Sorte 'Double Click' hat gefüllte Blüten. Niedrige Sorten (bis 60 cm) sind 'Sonata' und 'Sonata White'. *C. sulphureus* zeigt sich mit gelben bis roten Tönen, z. B.

Tausend kleine Blüten scheinen über dem Schleierkraut zu schweben.

'Bunte Lichter' und 'Rabattengold' (beide bis 60 cm).
▸ **Schlafmützchen** oder Kalifornischer Mohn trägt klatschmohnähnliche Blüten über blaugrünem Laub. Neben einfachen Blüten (z. B. 'Prärieglut', rotorange) gibt es gefüllte Blüten (z. B. 'Gloriosa Double Mix'). Die Sorte 'Summer Sorbet' hat geraffte, rosarote Blütenblätter.

Elfengleiche Blüten

Wer die hängenden Blütenglocken der Akelei mit den langen Spornen sieht, kann sich gut vorstellen, dass die Elfen sie pflücken und als Hut tragen. Die Wildform

Akeleien beleben schattige Gartenecken.

Sommerblumenmischungen

❯ Schleierkraut, Gilien und „Jungfern im Grünen" sind oft neben vielen anderen Arten in Blumenmischungen enthalten (z. B. 'Sommer-Blumen-Teppich 1001 Nacht', 'Romantik Garten Mischung'). Solche Mischungen blühen den ganzen Sommer über bis zum ersten Frost.

(*Aquilegia vulgaris*) blüht blauviolett. Zweifarbige Blüten bieten einige Sorten der *A. caerula* 'Biedermeier' (bis 35 cm hoch) und 'Langgespornte Mischung' (bis 80 cm hoch). Gefüllte, clematisähnliche Blüten haben 'Crown Jewels' und 'Pink Bonnets'. Ganz ohne Sporne kommen die Blüten von 'Green Apples' (grünlich weiß) und 'Miss M.I. Huish' (dunkellila) daher.
Die mehrjährigen Stauden können im Frühling ab April und im Spätsommer ab August ausgesät werden.
Die einjährige Spinnenpflanze (*Cleome hassleriana*) besitzt ebenfalls außergewöhnliche Blüten. Die Blütendolden bestehen aus Einzelblüten, aus denen die Staubgefäße herausragen. Die Mischung 'Colour Fountain' hat ein Farbspektrum von Weiß über Rosa bis Pink. ●

Sammelleidenschaft

Wer einmal damit beginnt, sich für die Anzucht aus Samen zu begeistern, der möchte auch bald selbst gesammelte Samen aussäen. Doch wann sind die Samen reif? Und wie werden sie geerntet und gelagert?

Wann lohnt sich das Sammeln?

Von vielen ein- und zweijährigen Sommerblumen und Kräutern können problemlos Samen gesammelt und erneut ausgesät werden.

Einige Gemüse- und Sommerblumensorten sind spezielle Züchtungen, F_1-Hybriden, die nur bedingt erneut ausgesät werden können.

▸ **Saatgut von samenechten Sorten** kann für den privaten, nichtkommerziellen Gebrauch gesammelt und wieder ausgesät werden. Besonders lohnenswert ist es bei alten und regionalen Sorten, die auf diese Weise erhalten bleiben.

▸ **F_1-Hybriden** werden in einem speziellen Züchtungsverfahren hergestellt, bei

SMART

Samenschatz

› **Selbst gesammelte Samen** können in Papiertüten, Briefumschlägen, Filmdosen oder Schraubgläschen aufbewahrt werden. Etiketten sorgen für Ordnung. Hier sollten Art, Sorte und das Erntedatum vermerkt sein. Werden die Samen trocken, kühl und dunkel gelagert, bleiben sie mehrere Jahre lang keimfähig.

dem zwei Elternsorten gezielt gekreuzt werden. Die Samen werden jedes Mal wieder durch Kreuzung erzeugt und sind dementsprechend teurer als anderes Saatgut. Werden Samen von F_1-Hybrid-Sorten gesammelt und erneut ausgesät, haben die Sämlinge selten dieselben Eigenschaften wie die im Vorjahr ausgesäten Pflanzen. Besonders bei der Widerstandsfähigkeit gegenüber Krankheiten kann es dann Unterschiede geben. Hier sollte sich der Sammler lieber neues Saatgut einer bewährten F_1-Sorte kaufen.

Samengewinnung aus Fruchtgemüse

Tomaten: Samen aus den vollreifen Früchte herauskratzen, Fruchtfleisch und Gallertmasse unter fließendem Wasser abwaschen.

Paprika und Chili: Samen aus der Frucht holen, unter fließendem Wasser abspülen.

Aubergine: nur überreife Früchte öffnen und braunen Samen aus dem Fruchtfleisch picken; dunkelviolette Sorten, wenn sie dunkel violettbraun, weiße Sorten, wenn sie goldfarben werden.

Kürbisse: Samen aus den Früchten lösen, waschen und trocknen.

Sammeltipps

Beim Sammeln sollten Sie darauf achten, dass nur reifer Samen geerntet wird. Der ist meist dunkel gefärbt. Hier hilft auch ein Vergleich mit dem vormals verwendeten Saatgut. Im Herbst können von vielen Kräutern Samen gesammelt werden, unter anderem von Türkischem Drachenkopf, Basilikum, Dill und Fenchel.

▸ **Samen von Samenkräutern** wie Dill, Fenchel und Koriander kann während der Reife in Butterbrottüten geschützt werden, so dass die reifen Samen nicht verloren gehen. Lassen Sie eine Dolde unbetütet, damit sich der Samen hier selbst aussäen kann.

▸ **Hülsenfrüchte** wie Bohnen und Erbsen werden geerntet, wenn die Früchte trocken sind.

▸ **Schossender Salat** kann auch noch als Samenlieferant dienen, wenn es sich um eine samenechte Sorte handelt.

Möchten Sie aus Tomaten und Kürbissen Samen gewinnen, brauchen Sie etwas Geduld. Erst wenn die Früchte vollreif sind, kann man an die Samengewinnung gehen (siehe Liste

Sommerblumen wie die Kokardenblume tragen im Herbst reichlich Samen, die man im kommenden Jahr aussäen kann.

links). Die ganze Prozedur lohnt sich nur bei samenechten, alten Sorten, die es als Saatgut selten im Handel gibt.

Samengeschenke

Selbst gesammelte Samen von einer besonders schönen Sommerblume oder einer schmackhaften, samenfesten Tomate sind ein willkommenes Mitbringsel für jeden Gartenfreund. Dafür können Sie eine Samentüte aus farbigem Geschenkpapier mit einem passenden Motiv, z. B. Sonnenblumen, selbst basteln. Legen Sie zu den Samen gleich auch noch eine kleine Beschreibung der Pflanze und ein paar Anzuchttipps. ●

Nasenschmeichler

Sie sind das Highlight eines Gartens: die Duftpflanzen. Mit dem richtigen Standort, bevorzugt am Sitzplatz oder vielbegangenen Wegen, bringen sie jeden Garten zum Duften.

Duftende Blüten

▶ **Duftwicken** (*Lathyrus odoratus*) sind genau die richtigen Pflanzen, um

Duftwicken duften leicht nach Vanille.

Zäune mit vielen duftenden Blüten zu überziehen. Bei der Aussaat sollte man die hartschaligen Samen mit einer Feile oder Sandpapier anrauen und über Nacht in Wasser einweichen. Schöne Kletterwicken sind z. B. 'Spencer Ripple' und 'Überriesen Prachtmischung'. Die neue Sorte 'Painted Lady' hat zweifarbige Blüten in Weiß und Rosa. Die Hängewicke 'Sommerduft' ist besonders gut für Balkonkästen geeignet.

▶ **Duftsteinrich** (*Lobularia maritima*) ist eine für den Steingarten geeignete Polsterpflanze. Sie sät sich bereitwillig jedes Jahr selbst aus. Neben einer Mischung aus weißen, rosa- und lilafarbenen Blüten ('Schneeteppich Aphrodite Mix') gibt es auch einfarbige Sorten, 'Schneeteppich' (weiß), 'Königsteppich' (rosa) und 'Violettkönigin' (violettblau).

▶ **Die Purpur-Skabiose** (*Scabiosa atropurpurea*), von der es verschiedene Prachtmischungen gibt, hat Blüten, die an kleine Nadelkissen erinnern. Die Sorte 'Ebony & Ivory' enthält weiße und dunkelviolette Blütenfarben.

▶ **Die Vanilleblume** (*Heliotropium arborescens*) verströmt einen warmen Vanilleduft. Ab März kann im Haus ausgesät und ab Mai ins Freie gepflanzt werden.

Duftende Blätter

Die Blätter der Monarde haben einen Duft, der an Zitronen-Melisse erinnert. Und ganz ähnlich können Blätter und Blüten auch zu einem wohlschmeckenden Tee aufgegossen werden. Die einjährige Monarde 'Bergamo' hat rosaviolette Blütenkerzen, die ab Juni erscheinen. Sie ist widerstandsfähig gegenüber dem Echten Mehltau. Die ebenfalls einjährige Prärie-bergamotte (*Monarda citriodora*) hat rosafarbene Blütenstände. Die mehrjährige Staude *M. didyma* hat scharlachrote Blüten. Agastachen ziehen mit ihren Blüten Scharen von Schmetterlingen und Bienen an. Die Blätter haben einen Duft, der an Minze erinnert. *Agastache aurantiaca* hat orangefarbene Blüten (z. B.

Die duftenden Blüten der Agastachen ziehen viele Schmetterlinge und Bienen an.

'Apricot Sprite', 'Navajo Sunset'), während *A. rugosa* tiefblaue Blüten hat (z. B. 'Korean Zest').

Duft am Abend

Zier-Tabak (*Nicotiana sylvestris, N. alata*) ist sehr anspruchslos, er verträgt Vollsonne wie lichten Schatten. Besonders gut kommt er in Kombination mit Zinnien, Löwenmäulchen und Sonnenhut zur Geltung. Seine trichterförmigen, weißen bis rosa- und lilafarbenen Blüten duften besonders am Abend sehr

SMART

Duftwasser selbst gemacht

› **3 Tassen** destilliertes Wasser und 1 Tasse Wodka in eine gut gereinigte Flasche gießen. Dann 30 g getrocknete Kräuter oder Blüten hinzufügen. Sie sollten ganz von der Flüssigkeit bedeckt sein. Die geschlossene Flasche für eine Woche an einen kühlen, dunklen Ort stellen. In einer offenen Vase oder einer Schale verströmt das Wasser seinen angenehmen Duft.

intensiv. Ab Februar wird im Haus ausgesät und ab Mitte Mai ins Freiland gepflanzt. Zier-Tabak ist meist als Farbmischung erhältlich, z. B. 'Brasilia' und 'Eau de Cologne'. Die Art *N. sylvestris* hat schmale, weiße Trichterblüten.

Die Wunderblume (*Mirabilis jalapa*) öffnet ihre Blüten erst zur Abenddämmerung. Der Duft der gelben, weißen oder pinkfarbenen Blüten ist sehr stark und nicht jedermanns Sache. Die Blüten der Sorte 'Broken Colours Mix' sind mit ihrer zweifarbigen Sprenkelung einzigartig. Die Knollen können wie Dahlienknollen überwintert werden. ●

Blumen für die
Trockenbinderei

Mit farbenfrohen Trockenblumen und eleganten Ziergräsern können Sie den Sommer verlängern. Am besten Sie reservieren für die Trocken- und Schnittblumen gleich ein eigenes Beet.

Blüten eignen sich dann am besten zum Trocknen, wenn sie gerade aufblühen. Sind sie voll aufgeblüht, können die Blütenblätter abfallen. Zu knospig geschnitten, öffnen sich die Blüten nicht mehr. Sonnenblumen und Sonnenhut werden geschnitten, sobald sich in der Mitte der Blütenkörbchen zwei bis drei Reihen Röhrenblüten geöffnet haben.

Blüten, Bündel oder ganze Sträuße werden kopfüber trocken und luftig an einem schattigen Ort aufgehängt. In der Regel trocknen sie in zwei bis drei Wochen. Einzelblüten können auch in einer Obstkiste, auf der Darre oder in Maschendraht gehängt trocknen. Der Raum sollte trocken und mindestens 10 °C warm sein. Werden Blüten und Blätter in Blumengel (Kieselgel, Silikatgel) eingelegt, sehen sie wie frisch gepflückt aus. Diese Methode eignet sich besonders für empfindliche Gartenblumen wie Mohn und Rittersporn.

◄ **Ziergräser** werden ab März an Ort und Stelle gesät. Schöne Ziergräser sind z. B. das einjährige Zittergras (*Briza*), das Hasenschwanzgras (*Lagurus ovatus*) und das Federgras (*Stipa tenacissima*). Das bis zu 2 m hohe Elefantengras (*Sorghum nigras*) sieht besonders in Bodenvasen sehr eindrucksvoll aus. Zum Trocknen werden die Gräser geschnitten, wenn sie noch grün sind. So bleiben die Blütenstände, um die es ja geht, erhalten.

▶ **Die Muschelblume**
(*Moluccella laevis*) ist mit ihren trichterförmigen, hellgrünen Blütenkelchen ein Hingucker in Blumensträußen. Ab April kann direkt ins Freie gesät werden. Empfehlenswert ist eine Vorquellphase von 48 Stunden. Die Stängel werden erst geschnitten, wenn sie voll erblüht sind. Die Blätter werden entfernt. Zum Trocknen geeignete Früchte liefern der Silberling (*Lunaria annua*), die Lampionblume (*Physalis alkekengi*), die Zier-Gurken (*Cucumis anguria, C. dipcaceus*) und verschiedene Sorten vom Zier-Kürbis.

◄ **Die Strohblumen** (*Helichrysum bracteatum*) sind der Klassiker unter den Trockenblumen. Sie werden geschnitten, bevor sie voll aufgeblüht sind, und zum Trocknen kopfüber aufgehängt. Auch andere einjährige Sommerblumen tragen Blüten, die sich hervorragend zum Trocknen eignen. Die weißen bis pinkfarbenen Blüten des Sonnenflügels (*Helipterum roseum*) werden mittags bei voller Sonne geschnitten. Die weißen Blüten des Papierknöpfchens (*Ammobium alatum*) werden geschnitten, bevor sie sich öffnen.

Trockenbinderei

Kunterbunter Blütensalat

Im Garten gibt es so viele essbare Blüten, dass sie hier gar nicht alle genannt werden können. Wer sich unsicher ist, hält sich an <u>Borretsch, Ringelblumen, Studentenblumen und Kapuzinerkresse oder kauft sich die Blumenmischung 'Blütensalat'.</u>

Safrangelbe Ringelblumen

Den Ringelblumen (*Calendula officinalis*) wird nachgesagt, dass sie ähnlich wie Safran die Speisen gelb färben. Ihren deutschen Namen hat die Ringelblume übrigens von der Form ihrer Samen, die einen nicht geschlossenen Ring bilden. Neben der einfachen, orangefarbenen Form gibt es stark gefüllte Blüten (z. B. 'Zwerg Bonbon'), Blütenblätter, die sich von den Seiten her einrollen wie bei 'Orangestrahlen' und Mischungen, in denen auch gelbe und rotorange Blütenfarben ('Pacific-Mischung') vorkommen.
<u>Ausgesät wird ab April direkt an Ort und Stelle.</u> Ringelblumen bereichern nicht nur Sommerblumen-

SMART

Lecker, essbar, giftig?

› **Definitiv schmackhaft** sind Kräuterblüten, z. B. von Borretsch, Minze, Salbei, Schnittlauch und Knolauch.
› **Dekorativ und essbar** sind z. B. Stiefmütterchen und Veilchen, Monarden, Agastachen und Taglilienblüten.
› **Giftig** sind dagegen Eisenhut, Fingerhut und Platterbsen.

rabatten, sondern auch Kräuter- und Gemüsebeete. Für den Frischverzehr werden die Blütenblätter vom Blütenkorb gezupft. Zum Trocknen werden die ganzen Blütenkörbe verwendet.

Verkannte Studentenblumen

An Studentenblumen scheiden sich die Geister. Viele mögen sie wegen ihres starken Geruchs nicht, andere finden sie einfach nur langweilig. Das gilt in erster Linie für *Tagetes erecta* und *T. patula*. Beide Arten kommen mit gelben, roten, orangefarbenen oder rostroten

Die blauen Borretschblüten sind sehr dekorativ.

Blütenfarben daher. Seltener sind weiße Auslesen wie 'Arctic' und 'Vanilla'. Ob die Blüten der beiden schmecken, sei dahin gestellt. Die Gewürz-Tagetes (*T. tenuifolia*) dagegen hat einen angenehm würzigen Zitronenduft, der sogar Studentenblumenverächter überzeugen könnte. Die einfachen, kleinen Blüten blühen den ganzen Sommer über unermüdlich. Als einjährige Beeteinfassungen sind sie wegen ihres kleinen Wuchses besonders gut geeignet. Gängige Sorten blühen rot ('Paprika'), hellgelb ('Sol') oder goldgelb ('Gnom'). Studentenblumen werden ab Mai an Ort und Stelle gesät. Ab März kann man sie auch schon im Haus vorkultivieren.

▸ **Achtung:** Studentenblumen werden oft Opfer von Schneckenattacken!

Würzige Kapuzinerkresse

Viele kennen die Kapuzinerkresse als bunten Lückenfüller in Blumenrabatten, Gemüsebeeten und Blumenkästen. Dabei können die fröhlichen Sommerblüher viel mehr als das. Sie liefern rote, gelbe und orangefarbene Blüten, die leicht scharf schmecken und jeden Salat und jedes Büffet bereichern. Auch die Blätter können in Maßen als senfähnliche Würze für Salate dienen. Wer es richtig kunterbunt liebt, kann Mischungen wie 'Diamant des Abendlandes' oder 'Rankender Roland' aussäen. Mit einfarbigen Sorten können gezielt Akzente gesetzt werden (z. B. 'Kaiserin von Indien', 'Black Velvet', 'Ladybird'). Neu auf dem Markt ist die Mischung 'Night & Day', die die zwei Kontrastfarben Rotbraun und Cremeweiß in sich vereint. Ab Mai wird direkt ins Freie gesät. Kapuzinerkresse sollte nicht zu stark gedüngt werden, da sonst die Blüten ausbleiben. Sie sät sich meist selbst aus. Die Samen können aber auch gesammelt werden. ●

Ringelblumen und Salbei sind nicht nur im Beet ein schönes Paar.

Arbeiten im Blumengarten

Ein- und zweijährige Sommerblumen

Ähnlich wie bei den Kräutern und den verschiedenen Gemüsearten gilt es auch hier zu wissen, ob die Arten kälteempfindlich sind. In der Regel können viele Einjährige ab April ausgesät werden. Kälteempfindliche Arten wie die Zinnien werden erst ab Mitte Mai gesät oder schon ab März im Haus vorgezogen.
Eine Besonderheit sind Kaltkeimer wie der Phlox. Sie brauchen eine Kälteeinwirkung, die mindestens über fünf Wochen anhält. Deshalb werden sie schon im Herbst in Töpfe gesät und an geschützter Stelle

im Freien aufgestellt. Im Frühjahr werden die Sämlinge dann vereinzelt und verpflanzt.
Zweijährige werden im Sommer gesät. Hier ist darauf zu achten, dass die Beete nicht austrocknen. Säen Sie sie besser in Saatschalen, die an einen schattigen Ort gestellt werden. Im Herbst oder Frühjahr werden sie dann in die Beete verpflanzt. Sommerblumenrabatten sind sehr pflegeleicht. Zu Beginn ist es wichtig, die Beete unkraut- und schneckenfrei (s. unten) zu halten. Während des Sommers wird der Boden nur oberflächlich gelockert. In trockenen Sommern muss auch gewässert werden.

Sanfte und starke Kontraste

Sommerblumenbeete sollten wie Staudenrabatten nicht knalligbunt aussehen. Hier kommt es auf ein ausgewogenes Farbensemble an, das einen angenehmen Anblick für die Augen bietet. Sanfte Farbkombinationen bestehen aus Pastelltönen oder Farbverläufen einer Grundfarbe, z. B. Rosa, Lila, Violett. Kontrastreicher wird es, wenn Rot und Blau miteinander kombiniert werden. Damit dieser Kontrast nicht ganz so stark ist, kann mit Rosa, Violett und Weiß zwischen den beiden Farben vermittelt werden.
Versuchen Sie nicht, zu viele Farben in einem Beet zu kombinieren. Anfangs ist es am einfachsten, wenn verschiedene Töne einer Farbe, z. B. Blau oder Rot, in einem Beet vereint werden. Ein Farbverlauf, der dem Farbkreis folgt, kann sich auch über mehrere Beete erstrecken. Zwischen den einzelnen Beeten stehen dann die Vermittlerfarben in Pastell- oder Weißtönen. Es ist noch kein Meister vom Himmel

Sommerblumen und Schnecken

„Schneckenfutter" sind Studentenblumen, Rittersporn, Dahlien, Bechermalven, Monarden, Kornblumen, Levkojen, Lupinen, Schwarzäugige Susanne, Sonnenblumen, Strohblumen und Zinnien.

„Schneckenschreck" sind Schmuckkörbchen, Bartnelken, Duftsteinrich, Kalifornischer Mohn, „Jungfer im Grünen", Kapuzinerkresse, Löwenmäulchen, Ringelblumen, Wucherblumen und Wicken.

Eine kontrastfarbige Sommerblumenrabatte mit gelben Studentenblumen, Sonnenhut, lilafarbenen Nelken und weißen Kosmeen.

gefallen, haben Sie also Mut. Der Vorteil einjähriger Sommerblumen besteht darin, dass sie jedes Jahr neu kombiniert werden können.

▸ **Für Anfänger** gibt es fertige Farbmischungen (z. B. 'Traumgarten in Blau').

Gerade oder geschwungen?

Ein Sommerblumen- oder Staudenbeet muss nicht immer rechteckig sein. Mit Hilfe von biegsamen Wegbegrenzungsbändern kön-

SMART

Stauden aussäen

▸ **Einige Stauden** lassen sich auch über Samen vermehren. Erkundigen Sie sich genau, unter welchen Bedingungen die Samen keimen. Kaltkeimer brauchen z. B. eine Kälteperiode, bevor sie keimen können. Bei anderen Arten wie der Sonnenbraut gehen die Samen nur unregelmäßig auf, so dass man sehr viel säen muss, um eine ausreichend hohe Zahl an Pflanzen zu erhalten.

nen Sie alle möglichen und unmöglichen Formen ausprobieren. Wie wäre es, wenn die Sommerblumen einem sanft geschwungenen Weg folgen würden?

▸ **Blühende Inseln** in einem grünen Rasen setzen Akzente. Hohe Arten wie der Rittersporn kommen in die Mitte, die anderen Blumen werden nach ihrer Höhe gestaffelt herum gesetzt.

▸ **Duftpflanzen** werden in Hochbeeten eine Etage höher an die Nase des Verweilenden gehoben. So kann man auch niedrigen Arten wie dem Duftsteinrich über Blätter und Blüten streichen, um den Duft „herauszukitzeln". ●

Infoecke

Bezugsquellen

Samenversandhandel
Gärtner Pötschke
Beuthener Str. 4,
41561 Kaarst
www.poetschke.de

Samentraum Gassmann
Berckstr. 30,
28359 Bremen
www.samentraum.de

N.L. Chrestensen
Erfurter Samen- und
Pflanzenzucht GmbH,
Witterdaer Weg 6,
99092 Erfurt
www.gartenversandhaus.de

Thompson & Morgan
Postfach 1069,
22784 Hamburg
www.thompson-morgan.de

Bruno Nebelung
GmbH & Co.
Freckenhorster Str. 32,
48351 Everswinkel
www.kicpcnkerl.de

Jelitto Staudensamen GmbH
Postfach 1264,
29685 Schwarmstedt
www.jelitto.com

Rühlemanns Kräuter-
und Duftpflanzen
Auf dem Berg 2,
27367 Horstedt
www.ruehlemanns.de

Kräuterpulver Humofix
Abtei Fulda
Nonnengasse 16,
36037 Fulda
www.abtei-fulda.de

Zur Autorin

▶ **Natalie Faßmann** ist promovierte Gartenbauingenieurin und arbeitet für die „GartenZeitung". Die Autorin zweier Balkonratgeber sammelt leidenschaftlich gern Samen und probiert gern viel Neues und auch Altes aus.

Vereine zum Erhalt alter Kultursorten

▶ **Verein zur Erhaltung und Rekultivierung von Nutzpflanzen in Brandenburg e.V. (VERN):** Burgstr. 20, 16278 Greiffenberg/Uckermark, www.vern.de

▶ **Verein zur Erhaltung der Nutzpflanzenvielfalt e.V.:** Sandbachstr. 5, 38162 Schandelah, www.nutzpflanzenvielfalt.de

▶ **Arche Noah:** Obere Straße 40, A-3553 Schiltern, www.arche-noah.at

▶ **Pro Species Rara:** Pfrundweg 14, CH-5000 Aarau, www.psrara.org

Bildquellen

Floramedia Seite 56, 65.
GAP Photos/Graham Strong
Titelbild
Mattheus-Staack, Elke
Seite 36.
Papouschek, Elke und Thin-
schmidt, Alice Seite 35 M.
Redeleit, Wolfgang Seite
8, 14, 15 o., M. und u., 20,
21, 24, 33, 34, 44, 46, 53,
54, 55.

Reinhard, Hans Seite 2/3,
4, 5, 6/7, 11, 13, 17, 18,
19, 22/23, 25, 26, 27,
29, 30, 31, 32, 35 li. und
re., 37, 38, 39 o. und u.,
41, 42/43, 45, 47 li., M.
und re., 48, 49, 50, 51,
57 o. und u., 58, 59, 61,
64, Umschlagrückseite li.
und re.
Reinhard, Nils Seite 16.
Strauß, Friedrich Seite
9, 10.

Impressum

**Bibliografische Information
der Deutschen National-
bibliothek**
Die Deutsche Nationalbib-
liothek verzeichnet diese
Publikation in der Deut-
schen Nationalbibliografie;
detaillierte bibliografische
Daten sind im Internet
über http://dnb.d-nb.de
abrufbar.

© 2009 Eugen Ulmer KG
Wollgrasweg 41, 70599
Stuttgart (Hohenheim)
E-Mail: info@ulmer.de
Internet: www.ulmer.de

Lektorat: Karin Wachsmuth,
Antje Krause
**Umschlag- und Innengestal-
tung:** X-Design, München
DTP: juhu media,
Susanne Dölz, Bad Vilbel
Druck und Bindung:
Litotipografia-editrice
Alcione, Trento
Printed in Italy
ISBN 978-3-8001-5782-2

Infoecke

Wissenswertes

▶ **Kristina Bauer: Gemüse.
Frische Ideen für den Garten.** Verlag Eugen Ulmer,
2005

▶ **Gabriele Lehari: Küchen-
kräuter: frisch-vitamin-
reich-gesund.** Verlag Eugen
Ulmer, 2005

▶ **Jochen Veser: Pflanzen-
schutz im Garten.**
Verlag Eugen Ulmer,
2008

▶ **Schwester Christa Wein-
rich OSB:** Mischkultur im
Hobbygarten, Verlag Eugen
Ulmer, 2003

Haftung

Geflügelte Besucher
im Garten

Sobald die ersten Blüten erscheinen, werden sich in Ihrem Garten Blütenbesucher wie Schmetterlinge, Bienen und Hummeln einstellen. Denn die vielen verschiedenen Blüten gefallen nicht nur uns, sondern auch den Insekten.

Einfache Blüten von Wild- und Gartenblumen sind besonders nektarreich. Je gefüllter die Blüte ist, desto weniger Nektar und Staubgefäße mit Pollen sind enthalten. Aber auch die Blätter einiger Pflanzen sind für die Larven der Schmetterlinge, die Raupen, überlebenswichtig. Wer also

Schmetterlinge in seinen Garten locken möchte, sollte auch an die kommenden Generationen der Schmetterlinge denken. Planen Sie daher ein eigenes Beet mit Nektar- und Raupenfutterpflanzen.
Schmetterlinge fliegen viele verschiedene Gartenblumen an, sie erreichen mit ihren

Saugrüsseln auch kelch- und röhrenförmige Blüten. Hummeln bevorzugen tiefe, geschlossene Blüten wie die von Löwenmäulchen und Rot-Klee. Sie können tiefere Blütenkelche befliegen als die Bienen. Im Handel gibt es Wiesenblumen- und Feldblumenmischungen, Bienenfutterpflanzen und

◄ **Während sich die Larven** vieler nützlicher Insekten von Blattläusen ernähren, leben die erwachsenen Tiere meist „rein vegetarisch" von Pollen und Nektar. Eine Ausnahme ist der Marienkäfer, der auch als erwachsenes Insekt Blattläuse frisst. Florfliegen und Schlupfwespen fliegen auf Doldenblütler wie Dill, Wilde Möhre, Fenchel und Kümmel. Schwebfliegen (s. Foto) steuern ebenfalls Doldenblütler an, aber auch Löwenzahn, Gräser oder Hahnenfußgewächse. Diese sind meist in Blumenmischungen enthalten (z. B. 'Paradies für Nützlinge').